나다운 방탄멘탈

이 도서의 국립중앙도서관 출판예정도서목록(CIP)은
서지정보유통지원시스템 홈페이지(http://seoji.nl.go.kr)와 국가자료공동목록시스템
(http://www.nl.go.kr/kolisnet)에서 이용하실 수 있습니다. (CIP제어번호: CIP2019051711)

나다운 방탄멘탈

초판 1쇄 발행 | 2020년 1월 20일

지은이 | 최보규
펴낸이 | 추미경

책임편집 | 김영신 마케팅 | 신용천 디자인 | 주연

펴낸곳 | 베프북스
주소 | 경기도 고양시 덕양구 화중로 130번길 48, 6층 603-2호
전화 | 031-968-9556   팩스 | 031-968-9557
출판등록 | 제 2014-000296호
ISBN | 979-11-90546-02-7 (14320)

전자우편 befbooks15@naver.com
블로그 http://blog.naver.com/befbooks75
페이스북 https://www.facebook.com/bestfriendbooks75

나다운 방탄멘탈

| 최보규 지음 |

베프북스
Best Friend Books

나다운 방탄멘탈 공식! '올노'

지금 당신이 행복하다고 생각하는 이유는 무엇입니까? 돈 덕분에? 가족 덕분에? 일 덕분에? 아닙니다! '나다운 방탄멘탈' 덕분입니다.

지금 당신이 행복하지 않다고 생각하는 이유는 무엇입니까? 돈 때문에? 가족 때문에? 일 때문에? 아닙니다. '나다운 방탄멘탈' 때문입니다!

행복한 삶을 사는 사람들은 '나다운 방탄멘탈'이 있습니다. 방탄멘탈의 7개 기둥은 자자자자멘습긍(자존감·자신감·자기관리·자기계발·멘탈·습관·긍정)입니다. 한 가지만 잘 세운다고 되는 것이 아닙니다. 우리 몸이 다 연결되어 모두 중요하듯 7가지가 다 연결되어 있습니다.

통계청에 의하면 한 해 교통사고 사망자는 2,000~3,000명으로 해가 갈수록 줄어들고 있지만, 자살을 하는 사람은 한 해 12,000명으로 해마다 늘고 있는 현실입니다.

우리는 행복하기 위해 삶의 질을 올리기 위해 어디에 집중하고 있는지요?

차 조심해라가 아니라 우울증, 자살 조심해라를 더 말해야 하는 불편한 진실! 차보다 더 무서운 것입니다. 한마디로 방탄멘탈의 7개의 기둥 자자자자멘습긍에 집중해야 하는 것입니다.

11년 동안 일반인 4,200여 명, 강사 5,300여 명과 상담하면서 느낀 점이 있습니다. 대부분의 사람들이 삶의 의욕을 잃을 때가 멘탈이 저하될 때라는 것입니다. 사람들은 멘탈, 즉 정신력만 단단하게 만들면 되는 줄로 잘못 알고 있습니다. 그것은 일반멘탈입니다. 요즘 같은 시대에 일반멘탈만 가지고는 감당이 안 됩니다.

지금 현실에선 카페인(카카오스토리·페이스북·인스타그램) 우울증에 빠진 사람들이 많습니다. SNS 속 쇼윈도 행복을 보며 상대적 빈곤감을 느껴 삶의 의욕을 상실하고 있습니다. 화분의 꽃은 활짝 피어 참으로 보기 좋았는데 이미 뿌리가 썩어서 죽어가는 상황들이 벌어지고 있는 것입니다. SNS 속 열매에만 집착하다 보니 자신의 멘탈·자존감을 도둑맞는 줄도 모르고 그 세계에 중독되고 있는 것이 현실입니다.

나무에 뿌리가 중요하듯 삶의 뿌리인 '나다운 방탄멘탈'을 깊이 내려야 인생이라는 뿌리에 악영향을 끼치는 고난·역경·불행의 태풍, 인간관계 속 미세먼지, SNS 속 초미세먼지를 잘 극복할 수 있는 것입니다. 사람이 산소가 없으면 살지 못하듯 나다운 방탄멘탈 역시 세상 모든 직업, 관계, 분야에 산소 같은 것입니다.

1단계 나다운 순두부멘탈
2단계 나다운 실버멘탈
3단계 나다운 골드멘탈
4단계 나다운 에메랄드멘탈
5단계 나다운 다이아몬드멘탈

멘탈을 단계별로 업그레이드하기 위한 나다운 방탄멘탈 공식은 바로 '올노'(올바른 노력=올노+전문가 피드백+수정·올노)입니다. 어떻게 올노할 것인가를 본문에서 자세히 다룰 것입니다.

나다운 방탄멘탈도 스펙입니다. 학습해서 익히는 것입니다. 멘탈이 강해지면 삶의 질이 높아집니다.

나다운 방탄멘탈이 왜 중요한지 알게 해주는 그룹이 있습니다. 이들을 모르면 지구인이 아니라는 말까지 있을 정도로 세계적인 스타 BTS(방탄소년단)가 바로 그들입니다. BTS가 지금의 위치에 오르기까지 여러 중요한 요소가 있었겠지만 그중 하나가 멘탈 케어라고 합니다.

연예기획사 빅히트 엔터테인먼트에서는 BTS 멤버 개인마다 1:1로 심리상담사를 붙여 케어해준다고 합니다. 한마디로 멘탈 주치의가 있는 것입니다. 연예인이라는 직업 특성상 심리적 충격에 민감하고, 우울증 등 심리적 불안감이 많을 수밖에 없기 때문입니다. 연예계 멘탈 관리의 롤 모델이 된 것이죠.

멘탈 관리는 비단 연예계를 떠나 사람이 살아가는 데 가장 중요한 것입니다. 멘탈 관리는 양치질과 같습니다. 꾸준한 관리가 필요하다는 것입니다.

이 책을 통해 당신의 멘탈을 관리해보시기 바랍니다. 최보규 방탄멘탈 전문가가 당신의 방탄멘탈 주치의가 되어드리겠습니다.

왕관을 쓰려는 자 그 무게를 견뎌라?

지금 시대에는 그 무게보다 더 감수해야 할 것이 있습니다.

SNS를 하려는 자, 유튜브를 하려는 자, 연예인이 되려는 자, 인기를 얻으려는 자는 악성 댓글과 상대적 빈곤감으로 인한 멘탈 붕괴를 견뎌야 합니다. SNS 시대에서는 그 누구도 악성 댓글로부터 자유롭지 못합니다. 환경에 맞춰 스스로 변해야 합니다. 지금 시대는 강한 사람, 우수한 사람이 살아남는 게 아니라 그 환경에 맞게 일반멘탈이 아닌 방탄멘탈로 업그레이드하여 변화하는 사람만이 나다운 삶을 만들어갈 수 있습니다.

어제 살아봤다고 오늘 다 아는 게 아닙니다. 오늘은 누구나 새 날이고 처음입니다. 100년을 살았어도 오늘 하루를 모릅니다.

이번 생은 망했습니까? 망했다고 생각하고 아무것도 안 하면 망한 것입니다. 살아왔던 시간으로 살아갈 날을 단정 짓지 마십시오. 지금처럼 살 것인가? 지금부터 살 것인가!

까짓것 해봅시다!

잘하지 않아도 괜찮습니다.

부족하니까 사랑스럽습니다.

지금 잘하고 있는 거 아시죠?

시작하면 언제나 배웁니다! 시작합니다!

방탄멘탈 전문가
최보규

내가 지구에 온 이유는 당신들을 만나기 위해서입니다!
최보규 방탄멘탈 전문가를 알고 있는 사람들을 위해
오늘도 나부터 시작!
작은 것부터 시작!
지금부터 시작!

contents

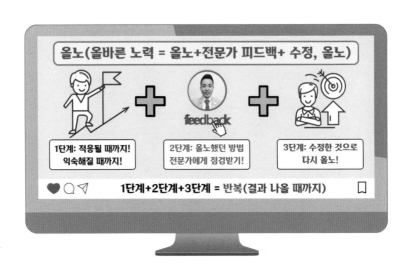

나다운 방탄멘탈 공식! 올노! (올바른 노력)

1단계

시간만 채우는 노력이 아닌 어제보다 0.1% 다르기가 올바른 노력입니다. 어제보다 0.1% 나아짐을 통한 성취감이 꾸준함을 유지시키는 연료가 됩니다.

2단계

하던 방식이 어느 시점에 도달하면 타성에 젖어들게 됩니다. 정체기가 생길 때, 익숙해질 때, 적응될 때, 지루해질 때, 요령이 생길 때, 잘한다고 느낄 때입니다. 3개월, 6개월, 9개월, 1년, 3년, 5년, 10년, 15년, 20년, 30년…… 평균적으로 사람들에게 슬럼프가 찾아오는 기점에서 그 분야의 전문가에게 점검을 받아야 자신이 '올노' 했던 것이 제대로 된 '올노' 인지 알 수 있습니다.

3단계

전문가에게 점검 받은 뒤 수정하여 다시 올바른 노력을 통해 결과가 나올 때까지 꾸준히 하는 것입니다.

그 분야 전문가라고 말하는 사람들은 나다움이 있습니다. 짝퉁 나다움이 아닌 진짜 나다움이 있습니다. 짝퉁 나다움? 경력만 쌓여 꼰대가 되어버린 짝퉁 전문가입니다.

나다움이 있는 진짜 전문가는 일을 떠나 생활 속 모든 행동을 통해 만나는 사람들에게 '와! 저 사람은 내가 좋은 사람이 되고 싶도록 만들어!' 라는 생각이 들게 하는 사람입니다. 나다움의 본질은 사람 됨됨이(인성)입니다.

짝퉁 전문가? 꼰대!
전문가는 누구나 된다.
나다움이 있는 전문가는 아무나 되지 못한다!

좋은 결과를 바라기 전에
좋은 결과를 얻기 위한
10배의 행동, 대가지불, 시행착오를 생각하세요.
이런 마음가짐이 멘탈·자존감 붕괴를 막는
예방접종입니다.

제 **1** 단계
나다운 순두부멘탈

 **step 1** 세상에서 가장 아름다운 것! 나다운 것!

세상에서 가장 아름다운 것은
나다운 것입니다.
현실 속 나다움이 죽어가고 있습니다.
나다운 골든타임! 지금!
나다운 심폐소생술 시작합니다!

나다운 방탄멘탈 공식

'나다움'은 사람을 존중할 때 시작됩니다. 남이 하는 것 안 하기!
남들이 안 하는 것 하기!

세계 인구 75억 명

나다움 75억 개

나답게! 당신답게! 우리답게!

이것이 살아가는 충분한 이유입니다.

 **step2** 부작용 없이 노화를 늦추는 유일한 방법

부작용 없이 노화를 늦추는 유일한 방법!

동안에 집중하면 마음이 늙는다!

배움에 집중하면 마음은 젊어진다!

 부작용 없이 노화를 늦추는 유일한 방법?

보톡스? 아쉽게 틀렸습니다.

사람이 진짜 늙어갈 때는

배움을 멈출 때입니다.
사는 동안 동안에 신경 쓰면 더 늙어지고
사는 동안 배움을 신경 쓰면
노화를 늦출 수 있습니다.

나다운 방탄멘탈 공식

사람이 늙는 것은 신의 선물입니다! 그 선물 속에 더 큰 선물이
있습니다. 그러나 아무나 그 선물을 확인하지 않습니다. 나이가
들수록 배움을 더할 때 신이 주는 선물을 계속 확인할 수 있습
니다.

신이 인간에게 준 선물!
죽음, 망각, 웃음, 노화, 시간
고난, 불행, 역경, 시련, 아픔······
가장 큰 선물?
내 옆에 있는 소중한 사람들!

 **step 3** 불행 유효기간은 줄이고 행복 유효기간은 늘리기

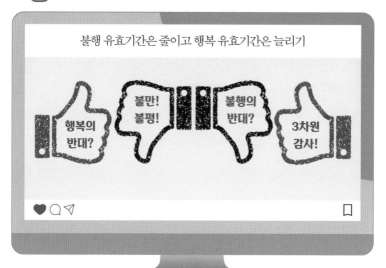

불행 유효기간은 줄이고
행복 유효기간을 늘리는 방법?
넉넉하지는 않지만
자신보다 더 어려운 사람에게 나누는 것입니다.
넉넉해서 나누는 것이 아니라 나누니까 넉넉해집니다.

나다운 방탄멘탈 공식

행복의 반대말은? 불행이 아니라 불평, 불만입니다. 불행의 반대
말은? 행복이 아니라 넉넉하지는 않지만 감사하는 마음입니다.

감사에도 수준이 있다.

1차원적 감사는 조건부(If) 감사이다. 만약 내가 다른 사람보다 더 잘되거나 더 많이 갖게 되면 감사하겠다는 것이다.

2차원적 감사는 무엇을 받았기 때문에(Because) 받은 것 중에서 일부를 드리는 감사다.

3차원적 감사는 불행을 당해도, 힘들고 어려워도, 일이 안 되어도, 그럼에도 불구하고(In spite of) 감사하는 것이다.

-《평생감사》 중에서

행복 유효기간 늘리는 방법?

내가 어려운 사람을 돕는 것이 아닌

어려운 사람이 나에게 도울 기회를 주는 것입니다.

행복은 나눌 때 더 누릴 수 있고

더 크며 오래 지속됩니다.

 step **4** 향기 나는 삶! 악취 나는 삶!

향기 나는 삶!악취 나는 삶!

〈나〉〈너〉가 아닌!
우리! 함께!

나만 잘 먹고
잘 살자!

어떤 일을 할 때 오로지 자신만 잘되려고 하면
욕심이 생겨 삶의 악취가 납니다.
함께 잘되기 위해 하면 삶의 향기가 퍼져
그 일이 즐겁고 그 일을 통해 행복합니다.
함께라서 행복해요.

나다운 방탄멘탈 공식

자신의 것을 먼저 챙겨야 합니다! 맞습니다. 사람들은 말합니다.
여유가 되면 기부하고 여유가 되면 봉사하겠습니다. 그 여유 언제 올까요? 여유가 없지만 그럼에도 불구하고 자신보다 어려운 사람들을 생각하며 함께 잘되기 위한 기부, 봉사, 나눔의 습관이 있어야 여유로울 때 더 크게 나눌 수 있는 것입니다.

향기 나는 삶! 악취 나는 삶을 나누는 기준?
혼자 잘 먹고 잘 살려는 행동이 많은지
함께 잘 먹고 잘 살려는 행동이 많은지
이것으로 나누어집니다.

 **step 5**   최고의 부모? 최고의 리더?

최고의 부모? 최고의 리더?

부모님 같은 부모가 되고 싶어요!
리더님 같은 리더가 되고 싶어요!

최고의 부모?
최고의 리더?
부모님 같은 부모가 되고 싶어요!
리더님 같은 리더가 되고 싶어요!
부모, 리더가 보내는 가장 강력한
메시지는 솔선수범입니다.

나다운 방탄멘탈 공식

부모십, 리더십은 따라오라고 하는 것이 아니라 따르게 만드는 것입니다. 행동으로 리드하는 것이지 말로 리드하는 것이 아닙니다. '해라'가 아니라 '같이 하자'입니다.

행복한 삶이란?
꾸준함, 정직, 배려, 존중, 양보
봉사, 나눔, 솔선수범을 생각할 때
당신을 떠올리게 하는 삶입니다.

 **step 6** 기록은 기억을 이기고, 행동은 기록을 이기며, 행동은 꿈을 이룬다

기록은 기억을 이기고, 행동은 기록을 이기며, 행동은 꿈을 이룬다

 기록은 기억을 이기고
행동은 기록을 이기며
행동은 꿈을 이룬다.

나다운 방탄멘탈 공식

지금과 같은 스마트 시대에는 휴대폰만 열어도 좋은 글, 좋은 영상, 좋은 사진이 어마어마하게 쏟아집니다. 느낌 오는 것들을 기록하고 저장해 두세요. 그것들이 쌓이고 쌓이면 꿈이라는 눈사

람이 만들어지는 것입니다.

저도 11년 동안 6,800개의 메모를 통해 책 3권을 집필할 수 있었습니다. 0.1%라도 느낌 오는 것이 있으면 무조건 기록, 메모, 저장하세요! 시간이 흐르면 그 값어치를 할 것입니다.

듣는 것은 0.1초

본 것은 1초

메모하고 직접 해본 것은 100년 간다!

 **나쁜 결과는 없다.
나쁘게 받아들이는 태도만 있을 뿐**

나쁜 결과는 없습니다.
나쁘게 받아들이는 자신의 태도만 있을 뿐.
그 결과도 내가 만든 것이고 내 것입니다.
안 좋은 결과도 감사하겠습니다.

나다운 방탄멘탈 공식

좋은 결과로 그 사람 됨됨이를 알 수 있는 것이 아닙니다. 안 좋은 결과에 어떤 자세로 임하느냐를 보고 그 사람 됨됨이를 알 수 있습니다.
곁에 두고 싶은 사람인지 아닌지는 고난, 역경, 불행을 대하는 태도를 보면 알 수 있습니다.

좋은 결과를 바라기 전에
좋은 결과를 얻기 위한
10배의 행동, 대가지불, 시행착오를 생각하세요.
이런 마음가짐이 멘탈·자존감 붕괴를 막는
예방접종입니다.

 **step 8** 달달한 음식은 몸을 썩게 하고,
달달한 인생은 인생을 썩게 한다

달달한 음식은 몸을 썩게 하고,
달달한 인생은 인생을 썩게 한다

혀가 좋아하는 음식은 몸이 싫어하고
몸이 좋아하는 음식은 혀가 싫어한다.
달달한 음식은 몸을 썩게 한다.
달달한 인생은 인생을 썩게 한다.

나다운 방탄멘탈 공식

행동이 뒷받침되지 않은 달달함은 순간 몸은 편해도 자신의 삶
은 달달하지 않게 합니다.

행동이 뒷받침된 달달함은 순간 몸은 힘들지만 자신의 삶을 달달하게 만듭니다.

인스턴트 인간관계 하지 말자.
인스턴트 친절 하지 말자.
인스턴트 서비스 하지 말자.
인스턴트 리더십 하지 말자.
인스턴트 인생 살지 말자.

 step 9 가슴이 두근두근 행동할 기회!
가슴에 찔림이 있다면 변화할 기회!

가슴이 두근두근 행동할 기회!
가슴에 찔림이 있다면 변화할 기회!

감동 속에서 배움?

힘듦 속에서 배움?

자존심 상하는 속에서 배움?

아픔 속에서 배움?

그 속에서 배울 것인가?

그 속에서 탓을 할 것인가?

나다운 방탄멘탈 공식

배운다는 것은 긍정의 신호입니다. 힘들고 좋지 않은 상황 속에서 어떻게 하면 배우는 태도를 만들 수 있을까요?

그 상황이 닥쳤을 때 습관적으로 '그래, 무엇을 배울까?'라는 말이 떠오르게 하려면 평상시 배움이라는 말을 많이 해야 합니다. 배울 상황이 아니더라도 '무엇을 배웠지?'라는 말을 반복적으로 하는 것입니다. 좋지 않은 상황에서 탓을 많이 하는 사람들은 평상시에도 탓을 많이 합니다.

가슴이 두근두근?

행동할 기회가 왔다는 신호

가슴에 찔림이 있다면?

변화할 기회가 왔다는 신호

 **step 10** 부정적인 사람에게 사는 벌레,
긍정적인 사람에게 사는 벌레

부정적인 사람에게 사는 벌레, 긍정적인 사람에게 사는 벌레

 게으른 사람에게 사는 벌레
탓만 하는 사람에게 사는 벌레
불만이 많은 사람에게 사는 벌레
욕심이 많은 사람에게 사는 벌레
대충

나다운 방탄멘탈 공식

게으른 사람, 탓만 하는 사람, 불만이 많은 사람, 욕심이 많은 사

람들도 처음부터 대충이라는 벌레가 있었던 것은 아닙니다. 하는 일이 익숙해지고 능숙해지고 요령이 생기면 대충이라는 벌레가 생겨나는 것입니다. 그때 어떤 변화를 갖고, 어떤 행동을 하느냐에 따라 그 벌레를 잡을 수도 있고 번식하게 할 수도 있습니다. 그 시기가 오면 새로운 환경을 만들거나 전문가에게 피드백을 받아야 합니다. 그렇지 않으면 그 벌레는 잡을 수 없습니다.

부정적인 사람에게 사는 벌레?

대충

긍정적인 사람에게 사는 벌레?

욕심은 대충

질투는 대충

비교는 대충

불만은 대충

원망은 대충

내가 떠날 때 함께 우는 인생이 되고 싶지 않습니다.
내가 떠날 때 함께 웃는 인생이 되고 싶습니다.
그러기 위해서 지금 해야 할 것에 집중하겠습니다.

나다운 실버멘탈

step 11 한 번은 실수, 두 번은 실망, 세 번은 실력!

한 번은 실수

두 번은 실망

세 번은 실력

실패, 실수는 누구나 한다.

다만 그 속에서 반성하고 배우며

변화하는 사람은 드물다.

그것이 프로와 아마추어의 차이다.

그것이 좋은 사람과 싫은 사람의 차이다.

나다운 방탄멘탈 공식

실패, 실수 안 하는 사람 있으면 나와 보세요. 아무도 없을 것입니다. 평균적으로 처음 시작하는 모든 일에는 실패, 실수가 따라옵니다. 그래서 시작이라는 말 속에는 실패, 실수가 포함돼 있는 것입니다.

음식에 세트메뉴가 있듯 시작에도 세트메뉴인 실패, 실수가 따라오는 것을 당연하게 여기고 마음의 예방접종을 해야 합니다.

실패는 없다, 다만 피드백만 있을 뿐이다.

실수는 없다, 다만 피드백만 있을 뿐이다.

다만 실패, 실수하고 난 뒤 변화가 없다면

변화를 돕는 피드백이 아닌

변화를 망치는 피드백이다.

인간관계에 정답은 없습니다.
정답에 가장 가까운 답은
내가 바라는 인간관계를 먼저 하는 것입니다.
인간관계가 힘든 이유는 자신이 바라는 인간관계를
상대가 먼저 해주길 바라기 때문입니다.
인간관계를 잘하고 싶으세요?
당신은 방법을 알고 있습니다. 게을러서 안 할 뿐.

나다운 방탄멘탈 공식

단언컨대 말씀드립니다. 자신이 바라는 인간관계를 먼저 시작하세요. 세상에서 인간관계가 가장 쉬울 것입니다.

인간관계를 잘하는 사람들은 먼저 시작합니다. 인간관계 잘하는 사람이 가장 행복한 사람입니다. 관계 속에서 행복 또는 스트레스가 가장 많이 발생합니다.

인간관계 잘하는 주문
제가 먼저 맞춰 가겠습니다!
제가 먼저 양보하겠습니다!
제가 먼저 존중하겠습니다!
제가 먼저 인정하겠습니다!
제가 먼저 다가가겠습니다!
제가 먼저 밥 사겠습니다!

step 13 하루, 일 년, 평생을 의미 있게 사는 법

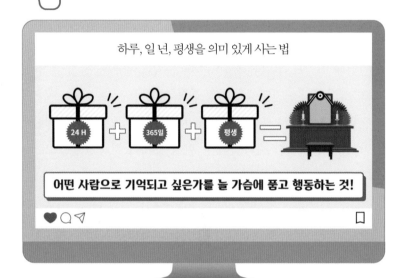

하루, 일 년, 평생을 의미 있게 사는 법

어떤 사람으로 기억되고 싶은가를 늘 가슴에 품고 행동하는 것!

하루, 일 년, 평생을 의미 있게 사는 법?
어떤 사람으로 기억되고 싶은가를
늘 가슴에 품고 행동하는 것입니다.
사람은 사라져도 그 사람이 살아온 삶의 향기는
2세대까지 갑니다.

나다운 방탄멘탈 공식

사람이 죽으면 끝이 아닙니다! 왜 그럴까요? 그 사람이 살아왔던
삶이 누군가에게는 악영향을 끼치고, 누군가에게는 선한 영향을

끼치는 것입니다. 끝은 없습니다.

만나는 사람들에게 어떤 사람으로 남고 싶은가요? 눈을 감을 때 사람들이 자신을 어떤 사람으로 기억하기를 바라나요?

그 바람을 이루기 위해 지금 시작하세요! 당신의 삶은 그 누구보다 행복할 것입니다.

내가 떠날 때 함께 우는 인생이 되고 싶지 않습니다.

내가 떠날 때 함께 웃는 인생이 되고 싶습니다.

그러기 위해서 지금 해야 할 것에 집중하겠습니다.

 낮에도 수많은 별빛이 있습니다

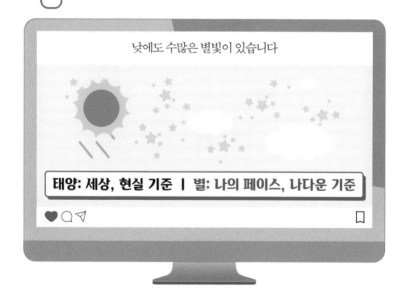

낮에도 수많은 별빛이 있습니다

태양: 세상, 현실 기준 | 별: 나의 페이스, 나다운 기준

낮에도 수많은 별빛이 있습니다.
태양이라는 현실 기준이 강하다 보니
별빛이라는 나만의 빛, 나의 페이스, 나다움이
보이지 않는 것입니다.
나만의 빛, 나의 페이스, 나다움을 빛나게 하는
나다운 방탄멘탈 7개 기둥
'자자자자멘습긍' 입니다.

나다운 방탄멘탈 공식

태양이 너무 강하다 보니 낮에 떠 있는 별빛이 보이지 않듯, 나다
움의 빛이 있는데 세상과 현실의 빛이 강해서 보이지 않습니다.
세상과 현실을 무시하지는 못하지만 그 기준을 너무 의식하고
집착한다면 점점 나다움의 빛을 잃어갈 것입니다. 나다운 행복
을 잃어가는 것과 같습니다.

우리는 별입니다. 자체 발광하는 존재입니다.
그 빛을 누군가는 '자자자자멘습긍' 으로 밝게 하고
누군가는 게으름으로 어둡게 하고 있습니다.

 **step 15** 자신의 소문이 진짜인지 가짜인지
알 수 있는 법

오늘 나의 뒷담화를 하는 사람이
있다는 것을 알게 되었습니다.
그러려니 합니다! 왜?
나를 아는 사람은 그 소문이
가짜라는 것을 알 거라는 믿음이 있기에……
살아온 삶이 감사합니다.

나다운 방탄멘탈 공식

자신의 뒷담화를 하는 사람이면 그 누구라도 뒷담화를 합니다.

뒷담화를 하는 사람이 문제가 아닙니다. 그 사람에게 반응하는 자신이 문제입니다.

뒷담화를 잘하는 사람은 인성이 안 된 사람입니다. 그런 사람이 말하는 것에 왜 소중한 감정을 소모합니까? 뒷담화를 하는 사람들 때문에 자신의 감정이 좌지우지되는 것을 부끄러워해야 합니다. 평상시 마인드 컨트롤을 얼마나 못했으면 인성이 안 된 사람들의 말에 자신의 감정을 컨트롤 당할까요?

누군가의 말 때문에 감정을 컨트롤 당하지 않기 위해서는 남을 따라하는 삶이 아닌 나다운 삶을 살아야 합니다. 자신의 삶이 부끄럽지 않다면 안 좋은 소문에 쓸데없이 감정을 소모하지 않겠지요. 감정 소모가 된다면 그 사람을 탓할 게 아니라 자신의 삶을 점검하는 게 효율적입니다.

자신의 안 좋은 소문이 가짜라면 바람처럼 사라지지만
자신의 안 좋은 소문이 안 좋은 습관으로 소문이 났다면
그 소문은 100년 갑니다.

step 16 삶을 좀 더 의미 있게 만들고, 사람들에게 스트레스 덜 받는 방법

삶을 좀 더 의미 있게 만들고,
사람들에게 스트레스 덜 받는 방법

나직성자체
나이, 직급, 성별, 자존심, 체면
잘 내려놓기, 잘 버리기.
나직성자체 내세울수록
더 지키지 못합니다.

삶을 좀 더 의미 있게 만들고
사람들에게 스트레스 덜 받는 방법?
'나직성자체'를 잘 내려놓으면 됩니다.
(나이, 직급, 성별, 자존심, 체면)
삶에서 꼭 필요한 5가지를 지키는 방법?
내세우면 더 지키지 못합니다.

나다운 방탄멘탈 공식

사람이 살아가면서 가장 많이 무시당한다고 느낄 때가 언제인지 아세요? 나이를 무시할 때, 직급을 무시할 때, 성별로 무시 당할 때, 자존심 상하는 말을 할 때, 자신의 체면을 깎아내릴 때입니다.

하지만 곰곰이 생각해보면 그런 말을 하는 사람들은 어딜 가든 있습니다. 그런 상황은 항상 벌어진다는 것이죠. 그래서 그 말을 어떻게 받아들이느냐가 중요하다는 것입니다.

부정적인 말은 미세먼지 같은 말입니다. 미세먼지 같은 말들은 자자자자멘습긍(자존감·자신감·자기관리·자기계발·멘탈·습관·긍정) 공기청정기로 걸러내야 합니다. 생활 속 꾸준한 학습, 연습, 훈련을 통해 자자자자멘습긍 공기청정기 성능을 향상시킬 수 있습니다.

오늘 나는 배웠습니다!
나의 자존심, 체면을 무시하는 사람들로부터.
그렇게 배우고, 성장합니다.
나의 자존심, 체면을 무시하는 사람이 문제가 아닙니다.
그런 사람은 어딜 가도 있으므로
내가 그 상황을 어떻게 받아들일 것이냐가 문제입니다.

 **step 17** 끌려가는 나다움? 끌어가는 나다움!

끌려가는 나다움? 끌어가는 나다움!

 인간관계 잘하는 방법?

자신이 싫어하는 인간 유형이 있습니다.

그런 사람이 먼저 안 되는 것입니다.

인간관계 잘하는 사람들은

맞춰주길 바라지 않고 맞춰가려고 노력합니다.

나다운 방탄멘탈 공식

사람의 심리라는 게 맞춰주길 바라는 마음이 99.9%라면 맞춰주려는 마음은 0.1%밖에 안 됩니다. 그래서 행복한 사람들, 인간관계 잘하는 사람들이 0.1%밖에 없다는 것입니다.

인간관계 잘하는 방법! 행복해지는 방법!

정답 나왔습니다.

나답게 시작하세요!

맞춰주길 바라는 사람은 인간관계에 끌려가고

맞춰가려는 사람은 인간관계를 끌어갑니다.

끌려가면 스트레스고, 끌어가면 즐겁습니다.

step **18** 불쌍한 사람은 없다, 불쌍한 생각만 있다

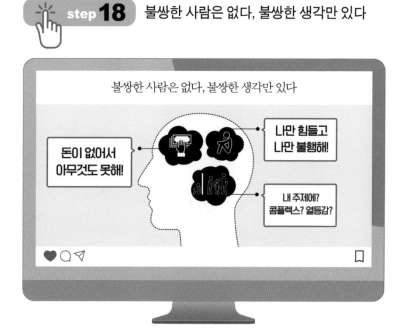

세상, 현실, 주변 사람들이
자신을 천한 사람으로 만드는 것보다
자신의 부정적인 태도가 자신을 더 천하게 만든다.

나다운 방탄멘탈 공식

세상, 현실, 주변 사람들과의 부정적인 비교로 항상 자신이 불쌍한 사람이 되는 환경 속에 우리는 살고 있습니다. 불행과 행복이 자신의 태도 때문에 생기는 것인 줄도 모르고 남 탓을 하는 악순환을 반복하고 있습니다.

이 악순환을 끊으려면 어떻게 해야 할까요? 긍정의 비교도 스펙입니다. 학습, 연습, 훈련을 통해 익히는 것입니다. 나답게 시작하세요.

불쌍한 사람은 없습니다.
불쌍한 생각만 있습니다!
불쌍한 생각이란?
더 먹고 싶고, 더 자고 싶고
더욱더 격렬하게 놀고 싶다.

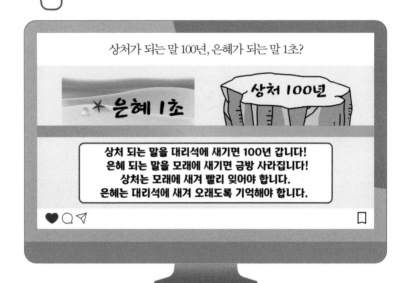

step 19 상처가 되는 말 100년, 은혜가 되는 말 1초?

상처가 되는 말 100년, 은혜가 되는 말 1초?

은혜 1초   ★ 상처 100년

상처 되는 말을 대리석에 새기면 100년 갑니다!
은혜 되는 말을 모래에 새기면 금방 사라집니다!
상처는 모래에 새겨 빨리 잊어야 합니다.
은혜는 대리석에 새겨 오래도록 기억해야 합니다.

상처 주는 말은 없다.
상처라 받아들이는 자신의 태도만 있을 뿐.
사소한 말 한마디에
소중한 감정을 소모하지 말자.

나다운 방탄멘탈 공식

상처가 되는 말, 은혜가 되는 말을 어디에 새기느냐에 따라 삶이
달라집니다.

모래에 새길 것인가? 대리석에 새길 것인가? 자신의 태도에 따라 상처 되는 말을 대리석에 새겨 100년 갈 수도 있고, 은혜가 되는 말을 모래에 새겨 1초도 안 갈 수 있습니다.

상처가 되는 말을 대리석에 새기면 오래갑니다. 은혜가 되는 말을 모래에 새기면 금방 사라집니다. 상처는 모래에 새겨 빨리 잊어야 하고 은혜는 대리석에 새겨 오래도록 기억해야 합니다.

말하는 사람이 중요한 것이 아닙니다. 자신이 그 말을 어떻게 받아들일 것인가가 중요합니다.

말로 인해 상처 받았나요?
말로 상처를 치료해야 합니다!
화장실 가서 크게 외치세요!
너나 잘하세요! 너나 잘하세요! 너나 잘하세요!
환기 효과, 굴뚝청소 효과, 마음청소 효과입니다.

step 20 신뢰는 이벤트가 아닙니다. 습관입니다

신뢰는 이벤트가 아닙니다. 습관입니다.
신뢰는 보여주고 싶다고 보여주는 게 아니라
꾸준하고 자연스럽게 젖어들게 하는 것입니다.

나다운 방탄멘탈 공식

우리가 착각하는 게 있습니다. 상대방이 좋아하는 것을 해주면
신뢰가 쌓인다고 생각하고 그 일에 집중하는 것입니다. 생각해
보면 좋아하는 것을 그렇게 해주는데도 신뢰가 오래가지 못한다

는 깃입니다. 한편 상내가 싫어하는 행동을 하면 신뢰가 단번에 깨집니다.

그래서 좋아하는 것보다는 싫어하는 것에 더 집중해야 신뢰가 지속되는 것입니다. 인간관계, 부부관계, 부모자식관계, 연인관계, 직장관계…… 세상 모든 관계가 다 마찬가지입니다. 어떤 관계든 상대방이 좋아하는 것보다는 싫어하는 행동이 무엇인지에 더 집중한다면 신뢰는 오래갈 것입니다.

좋아하는 것에 집중 30%
싫어하는 것에 집중 70%
좋아하는 것보다 싫어하는 것에 집중하면
신뢰가 더 쌓입니다.

세상, 현실, 주위 사람들이 끊임없이 말할 것입니다.
당신 페이스로는 될 수 없을 것이라고.
그럼에도 불구하고 나의 페이스!

제 **3** 단계

나다운 골드멘탈

step 21 피하면 계속 피하게 되고, 극복하면 계속 극복하게 된다

삶, 일, 인간관계
자신에게 맞는 것보다
안 맞는 게 99.9%
99.9%를 즉시 하고
피하려는 자세가 아닌 극복하려는 자세가
삶의 질을 결정짓습니다.

나다운 방탄멘탈 공식

삶, 일, 인간관계를 잘하는 사람들은 그것이 자신에게 잘 맞아서가 아니라 잘 맞진 않지만 맞춰가려는 마음으로 어려움을 극복하며 나다운 방법을 만들고 다듬어가기에 잘하는 것입니다.

삶, 일, 인간관계 누구나 힘듭니다! 하지만 누군가는 피하기 위한 행동만 하고 누군가는 극복하기 위한 행동을 합니다. 한 번 피하면 계속 피하게 되고, 한 번 극복하면 계속 극복하게 됩니다.

두려움은 직시하면 그뿐, 바람은 계산하는 것이 아니라 극복하는 것입니다.　　　　　　　　　　　　 – 영화 〈최종병기 활〉 중에서

삶, 일, 인간관계에서 중요한 것은
얼마나 나에게 맞는가를 찾는 게 아니라
안 맞는 것을 어떻게 극복해 나가느냐는 것입니다.

인성도 스펙이다.
학습, 연습, 훈련을 통해 익히는 것이다

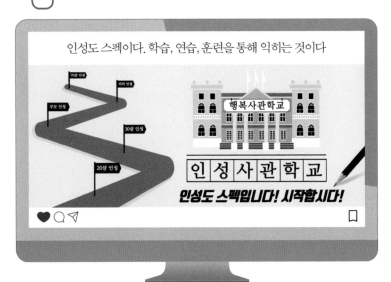

인성도 스펙이다. 학습, 연습, 훈련을 통해 익히는 것이다

70살 인성
리더 인성
부모 인성
30살 인성
20살 인성

행복사관학교

인 성 사 관 학 교

인성도 스펙입니다! 시작합시다!

나이는 안 먹고 싶어도 먹습니다.
인성은 나이처럼 자연스럽게 만들어지지 않습니다.
나잇값을 해야 그 나이에 맞는 인성이
만들어지는 것입니다.

나다운 방탄멘탈 공식

나이는 노력을 안 해도 먹습니다. 인성도 나이처럼 노력하지 않
아도 자연스럽게 만들어지는 것이라고 착각하는 사람들이 많습

니다. 주민등록증이 나오면, 어른이 되면, 결혼하면, 자녀가 태어나면 1+1처럼 따라오는 것으로 생각하는 사람들이 많습니다.

인성도 이제는 스펙입니다. 학습, 연습, 훈련으로 익히는 시대가 왔습니다.

인성도 스펙입니다.

학습, 연습, 훈련을 통해 익히는 것입니다.

당신의 인성은 몇 살입니까?

나이에 맞는 인성을 만들기 위해 무엇을 학습, 연습, 훈련하십니까?

 **시작하는데 자존심, 체면은 쓰레기입니다!**

시작하는데
자존심, 체면은 쓰레기입니다!
집을 나설 때 신발장에 자존심, 체면
넣어두고 나오겠습니다.

나다운 방탄멘탈 공식

용기가 없어서 시작하지 못하는 때도 있지만 자존심, 체면 때문에 시작하지 못하는 경우가 더 많습니다. 자존심, 체면 물론 소중합니다. 단, 내려놓을 때가 있고 내세울 때가 있는 것입니다. 자존심, 체면 개나 줘버려! 할 때가 더 많다는 것을 명심하세요.

시작하는데 자신을 못 믿으시나요?
자신을 믿어주는 그 사람을 믿고
다시 해봅시다!

 **step 24** 잘하는 건 없지만 못하는 것도 없다

 주제 파악! 메타인지!
저는 부족한 게 많습니다. 가방끈도 짧습니다.
그래서 한 달에 책 15권을 읽고 메모하고
12년 동안 122개의 습관을 만들어
자기관리 하고 있습니다.

나다운 방탄멘탈 공식

주제 파악이 너무 잘 되면 자격지심, 열등감이 생겨 자신을 괴롭
힙니다. '난 부족한 게 많아. 내가 할 수 있겠어?'

이럴 때 부족함을 인정하고 첫 질문!

'난 부족한 게 많아. 어떻게 하면 할 수 있을까?'

자문자답을 통한 긍정의 의문점이 자격지심, 열등감을 걸림돌로 만들 것인지 디딤돌로 만들 것인지 결정짓는다는 것을 명심하세요.

잘하는 건 없지만

못하는 것도 없다는 마음으로

올노(올바른 노력) 하겠습니다.

 한방은 없다!

꾸준함이 없는 행운은
한번 스쳐 지나가는 바람
꾸준함 속의 행운은
계절마다 느낄 수 있는 행복

나다운 방탄멘탈 공식

누구나 한방을 좋아하고 한방을 기대합니다.
그러나 변화, 성장, 꾸준함, 성실함이 없는 한방은 거품과 같고
자신을 더욱 게으르게 만듭니다. 지금 하는 일이 잘 안 풀리나
요? 과거에 게으르게 보냈던 시간의 복수입니다.

한방은 없다!
감사함, 성실함, 꾸준함, 성장이 없는 한방은
가짜 한방입니다.
게으른 사람들은 노력 없는 한방을 좋아합니다.
성공하고 싶어요! 하지만 노력은 하기 싫어요?

 **step 26** 아무도 나의 슬픔, 고난,
힘듦을 모를지라도 나는 멈추지 않는다

아무도 나의 슬픔, 고난, 힘듦을 모를지라도 나는 멈추지 않는다

고난, 역경
대가지불, 시행착오

까짓거 해보자!

세상 페이스, 현실 페이스
주위 사람들의 페이스 때문에
흔들릴 때가 많습니다.
그럼에도 불구하고 나의 페이스!
빠르진 않지만 멈추진 않는다.
까짓것 해보자!

나다운 방탄멘탈 공식

페이스가 없는 사람은 없습니다. 하지만 나이를 먹으면 먹을수록 세상, 현실, 주위 사람들의 말로 인해 자신의 페이스를 점점 잃어갑니다. 나다움이 사라지고 있는 것입니다.

나다운 페이스를 유지하기 위해서는 뻔뻔해져야 합니다. 세상, 현실, 주위 사람들이 끊임없이 간섭할 것입니다. 그 스펙으로? 그 외모로? 그 조건으로? 맞습니다. 스펙, 외모, 조건 다 부족합니다. 그러나 빠르진 않지만 멈추지 않겠습니다. 나의 페이스대로 가겠습니다.

세상, 현실, 주위 사람들이 끊임없이 말할 것입니다.

당신 페이스로는 될 수 없을 것이라고.

그럼에도 불구하고 나의 페이스!

 **step 27** 슬럼프는 내가 변화하지 않는 시간의 벌칙!

슬럼프는 내가 변화하지 않는 시간의 벌칙!

슬럼프가 다가와 말을 겁니다.
전 당신처럼 아무것도 안 하고
있는 사람이 좋아요!
슬럼프는 내가 변화하지 않는 시간의 벌칙입니다.

나다운 방탄멘탈 공식

슬럼프가 언제 올까요? 타성에 젖을 때, 익숙해질 때, 하던 방식으로만 할 때, 적응될 때 옵니다. 한마디로 변화하지 않을 때입니다.

슬럼프 극복 방법, 슬럼프가 안 오게 하는 방법 알려드릴까요?
어제보다 0.1% 나은 사람이 되기 위해 집중하고 행동하는 것입
니다.

슬럼프는 변화하는 사람을 싫어하고
하던 방식으로만 하는 사람을
가장 좋아합니다.

 사랑받는 것도 자격이 있다

사랑은 아무나 하나?
사랑받는 것도 학습이 필요합니다.
이미지로 받는 사랑은 그때뿐입니다.
오래도록 사랑받을 수 있는 방법은
편안한 사람이 되어주는 것입니다.

나다운 방탄멘탈 공식

이 세상에서 나에게 맹목적인 사랑을 주는 사람은 부모님 빼고
는 없습니다. 누군가 사랑을 먼저 줄 거라는 마음을 내려놓고 사
랑받기 위해 힘써야 되는 것입니다.
자신의 말투가 사랑을 주고 싶은 말투인가요?
자신의 표정은 사랑을 주고 싶은 표정인가요?
사랑을 못 받아서 외롭다 하지 마시고 사랑받을 행동을 하세요.

우리는 사랑받기 위해 태어났지만
사랑은 아무나 받지 못합니다.
사람에게 사랑받고 싶습니까?
직장에서 사랑받고 싶습니까?
사랑받을 자격을 갖추십시오.

step 29 사람 눈은 세 개?
왼쪽 눈, 오른쪽 눈, 태도의 눈!

사람 눈은 세 개? 왼쪽 눈, 오른쪽 눈, 태도의 눈!

마음의 눈

눈으로 보는 것보다
어떤 태도로 볼 것인가에 따라
상황은 180도 달라집니다.
배우려는 태도, 변화하려는 태도, 긍정의 태도!
때로는 말보다 태도가 더 많은 걸 전달합니다.

나다운 방탄멘탈 공식

매사에 불평불만이 많은 사람은 안 좋은 것만 보는 사람들입니다. 매사에 긍정적인 사람은 좋은 것만 보는 것이 아니라 안 좋은 것도 좋게 바라봅니다. 태도가 다른 것입니다. 안 좋은 것만 보는 것도, 안 좋은 것을 좋게 바라보는 것도 모두 습관입니다.

좋은 생각을 하는 습관을 만드세요.

좋은 마음을 가지는 습관을 만드세요.

좋은 말을 하는 습관을 만드세요.

좋은 표정을 짓는 습관을 만드세요.

나다운 방탄멘탈을 만들어 가는 내비게이션입니다.

step **30** 대가지불 보존의 법칙! 시행착오 보존의 법칙!
슬럼프 보존의 법칙! '또라이' 보존의 법칙!

무언가를 이루기 위해 무조건 겪는 법칙이 있습니다.
무언가를 10배, 100배 감수할 때
그 결과물은 자신에게 손을 내민다는 것입니다.
대가지불 보존의 법칙! 시행착오 보존의 법칙!
누구도 피할 수 없는 무조건 겪는 법칙입니다.

나다운 방탄멘탈 공식

어떤 일을 시작할 때 결과물을 상상하면 자신감이 생깁니다. 하지만 그 자신감은 오래가지 않습니다. 신기루 같은 자신감이기 때문입니다. 대가를 지불하고 시행착오를 겪어내면서 느끼는 성취감, 자신감이야말로 진짜입니다. 대가지불, 시행착오! 무조건 겪습니다. 할당량이 있다는 것입니다. 마음의 준비를 하세요!

6대 보존의 법칙?
질량 보존의 법칙
에너지 보존의 법칙
대가지불 보존의 법칙
시행착오 보존의 법칙
슬럼프 보존의 법칙
또라이 보존의 법칙!

긍정적인 사람이 정답은 아니지만
행복하게 삶을 사는 사람들은
긍정적인 사람이 대부분입니다.
식스펙은 힘들어도 긍정 식스펙은 쉽습니다.
긍정근육 키우기!

제 **4** 단계

나다운 에메랄드멘탈

 비만보다 더 무서운 비만?
돈, 사랑, 권력 비만

 돈, 사랑, 권력
좋아는 하되 집착은 하지 말자!
좋아하는 건 자기의 의지로 컨트롤이 되지만
집착은 자신을 집어삼켜 삶을 망친다.

돈 싫어하는 사람 있나요? 사랑 싫어하는 사람 있나요? 권력 싫어하는 사람 있나요? 아마 없을 것입니다. 삶을 살아가면서 가장 달콤한 것들입니다.

달콤한 것이 치아를 망가뜨리듯 삶의 달콤한 것들이 인생을 망친다는 것은 누구나 알지만 그 유혹을 뿌리치기가 쉽지 않습니다.

좋아는 하되 집착하지 않기 위해 안전장치를 해놔야 됩니다. 강력한 안전장치는 봉사, 나눔, 기부입니다.

돈, 사랑, 권력에 집착하면
그것이 눈을 멀게 하고 귀를 막고
결국 정신을 지배합니다.
비만보다 더 무서운 비만은
돈, 사랑, 권력 비만입니다.

 step**32** 기회를 기다리는 사람,
기회를 만들어 가는 사람

거절의 의미

나란 사람의 가치를 거절한 것이 아닙니다.

나의 행동을 거절한 것뿐입니다.

자신이 자신을 거절하기 전까지는

가능성은 있습니다.

나다운 방탄멘탈 공식

초보 영업자들이 가장 힘들어하는 상황이 있습니다. 제품을 거절한 것뿐인데 자신을 거절한 것이라고 받아들여 스스로 자존감을 떨어뜨리는 것입니다. 아이템이 싫은 것뿐인데 '난 안 돼! 내가 못나서 거절한 거야! 나는 잘하는 게 없어! 나를 거절한 거야!'라고 생각하는 것이죠.

어느 경우든 사람 자체를 거절하는 경우는 없습니다. 자신의 행동이 상대방에게 안 맞을 뿐이라는 것을 명심하세요!

거절을 많이 겪을수록 거절의 징검다리가 만들어져 결과물에 도달하는 것입니다.

세상 모든 사람이 거절해도
자신이 자신을 거절하지 않으면 기회는 있습니다.
기회는 오는 것이 아니라 만들어 가는 것입니다.

신발이 없어 불평했는데
길을 가다 발이 없는 사람을 만났습니다

신발이 없어 불평했는데 길을 가다 발이 없는 사람을 만났습니다

마음에 드는
신발, 가방이 없어!

혼자 잘 먹고 잘살기 위한 기준에
자신을 맞추면 가장 불행한 사람입니다.
어제의 나보다 나은 내가 되려는 생각으로
함께 잘되기 위한 기준에
맞추는 사람이 가장 행복한 사람입니다.

기준을 어떻게 만드느냐에 따라 삶의 질이 달라지고 인생이 달라집니다.

돈의 기준, 인간관계의 기준, 사랑의 기준, 부모의 기준, 자녀의 기준, 일의 기준, 행복의 기준, 불행의 기준……

세상 기준이 아닌 충분한 대가지불과 시행착오를 통해 나다운 기준을 만들어 가십시오. 나다운 인생, 나다운 행복으로 삶의 질이 달라질 것입니다.

신발이 없어 불평했는데 길을 가다
발이 없는 사람을 만났습니다.
가방이 없어 불평했는데 길을 가다
팔이 없는 사람을 만났습니다.
누군가는 긍정의 비교로 행복하고,
누군가는 상대적 빈곤으로 불행합니다.

 **step 34** 누군가를 원망하고 미워하는 것은
자신을 괴롭히는 것이다

누군가를 원망하고 미워하는 것은 자신을 괴롭히는 것이다

또라이 보존의 법칙!

원망도 할 수 있고 미워도 할 수 있습니다.

입으로만 하세요.

마음마저 원망하고 미워하면

그 사람 때문에 힘든 게 아니라

스스로 더 힘들게 하는 것입니다.

그 미운 손님 립서비스로만 접대해서 보내야 합니다.

마음의 침대까지 들어오게 하면 숙면하지 못합니다.

미운 사람이 생기면 그 사람과 연관된 모든 것이 싫어지는 심리가 생깁니다. 그 사람 때문에 받는 스트레스는 작지만, 그 스트레스가 자신의 머릿속에서 커지게 하는 것은 그 사람이 아닌 자신이라는 것을 알아야 합니다.

누군가를 원망하고 미워하면 자신을 괴롭히는 것입니다.
그 시간에 자신을 위해 사는 게 낫다는 것을
모르는 사람은 없습니다.
마음속 부정적인 감정 연기, 그때그때 환기하세요.

 step **35** 콤플렉스, 트라우마, 상처는 얼음과 같다.
드러내면 드러낼수록 빨리 녹는다!

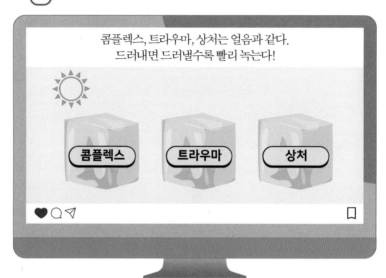

콤플렉스, 트라우마, 상처는 얼음과 같다.
드러내면 드러낼수록 빨리 녹는다!

콤플렉스   트라우마   상처

빛나는 모습 이면에는 어두운 그림자가 있습니다.

장점이 있으면 단점이 있습니다.

낮이 있으면 밤이 있듯 이것이 자연의 이치입니다.

이제 알았습니다, 나의 콤플렉스도 내 것이라는 것을.

더 늦기 전에 감사하겠습니다.

그래 나 못생겼다! 그래 나 키 스머프다!

그래 나 가진 거 없다! 그래 나 학벌 없다!

콤플렉스 극복의 시작은 인정입니다.

나다운 방탄멘탈 공식

콤플렉스, 트라우마, 상처가 없는 사람은 없습니다. 누구나 있지만, 아무나 인정하고 그것 또한 내 삶이라고 받아들이지는 않죠. 행복한 사람들은 콤플렉스, 트라우마, 상처가 없어서 행복한 것이 아닙니다. 그것까지 내 것이라고 인정했기에 그것에서 벗어나는 것이 아니라 함께해야 한다는 것을 알고 신경을 덜 쓰기 때문에 일반 사람보다 자유로운 것입니다.

콤플렉스, 트라우마, 상처는 얼음과 같다.
드러내면 드러낼수록 빨리 녹는다.
그것이 녹으면 나다운 방탄멘탈은 단단해진다.

 step **36** 자신의 스펙, 타이틀에 걸맞은 행동을 꾸준히
하지 않으면 그건 스펙이 아니라 스팸이다

자신의 스펙, 타이틀에 걸맞은 행동을 꾸준히 하지 않으면
그건 스펙이 아니라 스팸이다

순간만 맛있지
건강에 전혀
도움이 안 된다!

세상에서 가장 중요한 스펙 2가지? 건강, 태도.
모르는 사람은 없습니다.
다만 꾸준히 노력하고 다듬는 사람은 드물 것입니다.
자신의 스펙, 타이틀에 걸맞은 행동을
꾸준히 하지 않으면 그건 스펙이 아니라 스팸입니다.
(순간만 맛있지 건강에 전혀 도움이 안 됩니다.)

나다운 방탄멘탈 공식

어떤 사람의 명함, 프로필을 보면 그 사람이 누구인지 알 수 있습니다. 하지만 그 스펙과 타이틀에 걸맞은 행동을 보여주지 않는다면 그것은 그냥 검정 글씨일 뿐입니다.

'역시 그 스펙, 타이틀에 걸맞은 사람이네!' 라는 소리를 듣는 사람이 있는가 하면 '뭐지? 그 스펙, 타이틀이 아깝네! 돼지 목에 진주 목걸이 걸었네! 안타깝네!' 라는 평을 듣는 사람도 있죠.

자기가 가진 스펙, 타이틀이 오히려 자신의 자존심, 체면을 더 깎아내리는 상황이 생기는 사람도 있습니다.

스펙, 타이틀이 돼지 목의 진주 목걸이가 되느냐

스펙, 타이틀이 그 값어치를 하느냐

그 스펙, 타이틀에 걸맞은 꾸준한 행동이

뒷받침될 때 결정됩니다.

세상에 특별한 사람 75억 명

세상에 소중한 사람 75억 명

나소! 너소! 우소!

나는 소중하다! 너도 소중하다! 우리 모두 소중하다!

나다운 방탄멘탈 공식

사람 관계에 정답은 없습니다. 다만 사람 관계를 어렵지 않게 하는 방법은 있습니다.

사람은 누구나 상대방이 자신을 소중한 사람으로 대우해주길 바랍니다. 자신이 상대에게 바라는 것을 먼저 해주는 것이 인간관계를 쉽게 하는 지름길입니다. 그것이 불행의 유효기간을 줄이고, 행복의 유효기간을 늘리는 방법입니다.

특별하고 소중하지 않은 사람은 없습니다.
특별하지 않고 소중하지 않다고 여기는
자신의 부정적인 생각만 있을 뿐입니다.

 **step 38** 아마추어는 운을 바라는 침을 흘리고,
전문가는 실력의 땀을 흘린다

아마추어는 운을 바라는 침을 흘리고,
전문가는 실력의 땀을 흘린다

인생은
한방

 한두 번으로 좋은 결과가 나오진 않습니다.

단 몇 번으로 좋은 결과가 나왔다면

그것은 실력이 아닌 운입니다.

실력과 운을 착각하면 안 됩니다.

나다운 방탄멘탈 공식

실력은 운이라는 연료로 움직이지 않습니다. 반복적으로 시행착오를 통해 다듬고, 쓰디쓴 인고의 시간들을 견뎌내야 비로소 실력의 연료가 되는 것입니다.

전문가들은 실력의 땀인 향기가 나지만, 아마추어는 운을 바라는 침 냄새가 나는 것입니다.

아마추어는 운을 바라는 침을 흘려
냄새, 악취가 납니다.
전문가는 실력의 땀을 흘려
열정의 향기, 프로의 향기가 납니다.

 성공과 실패는 형제다. 부모는 행동이다

세상, 현실, 대중매체, SNS에서는
이렇게 하면 성공자가 될 수 있다고 세뇌 시킵니다.
세뇌 당해서 행복한 사람은 드뭅니다.
세뇌 당하지 않으면 행복합니다!
세뇌 당하지 않는 방법은?
당신을 알고 있습니다. 게을러서 안 할 뿐!

나다운 방탄멘탈 공식

세상, 현실 대중매체, SNS에서는 이렇게 하면 성공자가 될 수 있고, 이렇게 하면 실패자가 된다고 하면서 사람들을 성공에 집착하게 만듭니다. 그래서 나다움을 잃어가고 있는 것입니다.

그 환경에서 벗어나면 나다움을 만들어갈 수 있을까요? 그 환경을 벗어나서 나다움을 만들더라도 다시 그 환경을 접하면 그때뿐이라는 것입니다. 공기 좋은 곳에서 힐링하고 다시 도시로 돌아오면 그때뿐이듯, 그 환경 속에서 그 힘듦 속에서 그 어려움 속에서 부딪히고 만들어가야 오래 지속되는 것입니다.

피하기만 하면 계속 피해야 합니다. 극복해야 계속 극복할 수 있습니다.

이제부터 성공, 실패라는 단어는 쓰지 않겠습니다.
좋은 결과와 좋은 결과를 만들기 위한
작은 결과라는 말로 대신하겠습니다.
인생 금지어! 아원때시후성실!
아는데요. 원래 그래요. 때문에.
시간 없어서. 후회. 성공. 실패.

 **step 40** 식스펙은 힘들어도 긍정 식스펙은 쉽다.
긍정근육 키우기!

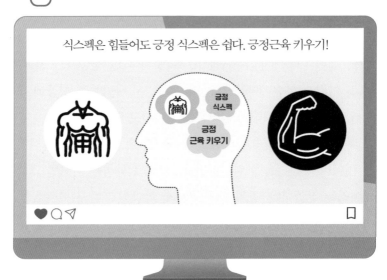

식스펙은 힘들어도 긍정 식스펙은 쉽다. 긍정근육 키우기!

긍정
식스펙

긍정
근육 키우기

인생을 긍정적으로 사는 게 답은 아니지만
정답에 가장 가까운 인생은 긍정적인 인생입니다.

나다운 방탄멘탈 공식

인생을 긍정적으로만 산다고 행복한 인생을 사는 것은 아닙니다. 즐거운 일만 생기는 것도 아닙니다. 고난, 역경, 불행이 안 생기는 것도 아닙니다.

그럼에도 불구하고 그런 상황에서도 누구를 탓하기 전에 '어떻게 하면 할 수 있을까'를 생각하며 극복하려는 긍정적 마인드로 행동하는 것이 가장 빠른 5G 속도로 가는 행복의 지름길입니다.

긍정적인 사람이 정답은 아니지만
행복하게 삶을 사는 사람들은
긍정적인 사람이 대부분입니다.
식스펙은 힘들어도 긍정 식스펙은 쉽습니다.
긍정근육 키우기!

우리의 인생은 기성품이 아닌 수제품(나다움)
그래서 완제품이 나오기까지 시간이 많이 걸립니다.
수제품(나다움)을 다듬는 연장은
나다운 방탄멘탈, 자자자자멘습긍

나다운 다이아몬드멘탈

 **step 41** 시간이 없어서라는 말은
자신의 게으름을 인정하는 말

시간이 없어서라는 말은 자신의 게으름을 인정하는 말

시간이 없어서
시간에 끌려가는 사람들

시간을 빼겠습니다.
시간을 끌어가는 사람들

 시간이 없어서라는 말은
자신이 게으르다는 것을 인정하는 말입니다.
변화하고 성장하지 못하는 것을
시간을 핑계로 합리화하고 있다는 것을 명심하세요.
진짜 시간이 없습니까?
하기 싫은 건 아니고요?

나다운 방탄멘탈 공식

시간이 없어서라는 말을 많이 하는 사람은 시간에 끌려 다니는 사람입니다. 시간이 있어야 누구를 만나고 그것을 할 수 있다고 하는 사람은 늘 시간이 없다고 하소연합니다.

누군가를 만나기 위해 시간을 빼고, 무언가를 하기 위해 시간을 빼는 사람은 시간을 끌어가는 사람입니다.

그 사람을 위해, 그것을 위해, 시간을 빼서 만나고 하는 일들은 자신에게 중요한 일이기 때문일 것입니다.

나란 사람은 누군가에게 시간을 내서라도 만나고 싶을 정도로 함께 잘되기 위한 행동을 하며 도움이 되는 사람인가요? 그런 사람이 되려고 힘쓸 때 시간을 끌어가는 인생을 사는 것입니다.

시간이 없어서라는 말은
안 하겠다는 말입니다.
시간이 없어서라는 말은
성공하고 싶어요! 노력은 하기 싫어요! 라는 말입니다.
시간이 없어서라는 말은
자신의 게으름을 인정하는 말입니다.

 **step 42** 사람들이 자신을 힘들게 할 때가
사람공부 할 수 있는 기회

당신은

절망 속에서 감사 or 원망?

희망 속에서 꾸준함 or 의심?

실패(작은 결과) 속에서 배움 or 좌절?

성공(좋은 결과) 속에서 겸손 or 자만?

환경이 그 사람을 만드는 것이 아닙니다.

결과에서 어떤 선택을 하느냐가 당신을 만듭니다.

나다운 방탄멘탈 공식

태어나서 숨을 거두는 날까지 인간의 삶에 영향을 미치는 일은 10%밖에 안 된다고 합니다. 나머지 90%는 일어나는 일을 대하는 태도에 따라 결정된다고 합니다.

뒤를 돌아보면 좋은 일보다는 안 좋은 일이 더 많은 것이 인생이라는 것을 알면서도 우리는 늘 욕심을 냅니다. 그래서 자신을 힘들게 하는 사람이 정작 자신이라는 것입니다.

오늘도 90%는 안 좋은 일이 벌어질 것입니다. 그것도 내 삶이고, 내 인생입니다. 분명 지금 당장은 필요하지 않더라도 자신에게 필요하기 때문에 생긴 일입니다.

감사하면 삶의 질이 높아집니다. 이것이 행복 유통기한을 늘리는 방법입니다.

세상이 자신을 힘들게 하나요?
인내를 배우라고 특별 과외 시켜주는 것입니다.
사람들이 자신을 힘들게 하나요?
사람공부 하라고 특별 과외 시켜주는 것입니다.

 **step 43** 5분 먼저 가려다 50년 먼저?
인생 신호등 잘 지키세요!

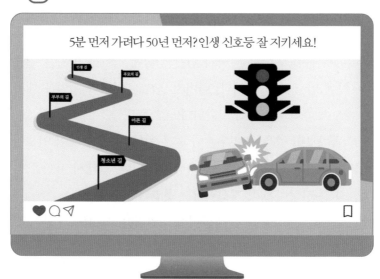

5분 먼저 가려다 50년 먼저?인생 신호등 잘 지키세요!

 우리가 가는 길은 화려하지 않습니다.
하지만 도착지가 화려할지 아닐지는
우리가 가면서 어떻게 만들어 가느냐에 달렸습니다.

나다운 방탄멘탈 공식

우리는 지금 각자의 인생길을 가고 있습니다. 배우자의 길, 친구의 길, 부모의 길, 자녀의 길, 직업의 길…… 처음부터 그 길이 마음에 들어서 가는 사람은 드물 것입니다. 하지만 자의든 타의든 선택한 순간 그 길을 가야 합니다.

최고의 선택은 없습니다. 오로지 선택한 것을 최고로 만들기 위해 최선을 다하는 길밖에 없습니다.

그 길에는 자신을 현혹하는 표지판(SNS), 방지턱(걸림돌), 신호등(정체기), 규정속도(나의 페이스, 현실 페이스)······ 신경써야 할 요소들이 참 많습니다.

내 길만 잘 가면 되는 줄 알았는데 방어운전도 해야 하듯, 가슴 철렁한 돌발 상황들 속에서도 마음 추스르며 내 차선, 내 길을 가야 하는 게 인생길입니다.

인생길의 보너스, 휴게소처럼 쉬었다 갈 수 있는 상황이 생겨 한숨 돌리고 갈 수도 있지만 언제까지 쉴 수는 없습니다. 5분 먼저 가려다 50년 먼저 갈 수 있는 길이기에 오늘도 그 길마다 규정속도, 자신의 속도에 맞춰 늘 옆자리에 가족들 태워서 간다는 마음으로 다시 출발합시다.

인생의 신호등
여러분의 신호등은 지금 빨간 불입니까?
시간이 되면 신호가 바뀌듯
여러분의 인생 신호등도 파란 불로 분명히
바뀌는 때가 올 것입니다.
인생 신호 위반하지 마세요!

 **step 44** 슈퍼컴퓨터도 못하는
자신의 미래를 예측하는 일

유일하게 미래를 예측하는 곳, 기상청.

슈퍼컴퓨터도 하지 못하는

자신의 미래를 예측할 수 있는 것?

지금 먹고 있는 것이 당신의 미래 건강

지금 하는 말이 당신의 미래

지금 하는 행동이 당신의 미래

나다운 방탄멘탈 공식

미래를 예측할 수 있는 한 가지? 날씨입니다. 하지만 아무리 비싼 슈퍼컴퓨터라도 인간이 만들었기에 자주 틀립니다.

예측 가능한 것이 또 있습니다. 인생의 고난, 역경, 불행입니다. 하지만 아무나 그것을 이겨내기 위한 준비는 하지 않습니다. 고난, 역경, 불행이 닥친다는 것은 누구나 알지만 아무나 대비를 하지는 않습니다.

앞으로 닥칠 고난, 역경, 불행의 대비책이란?

첫째, 고난·역경·불행은 피할 수 없는 자연의 이치라는 마음으로 인정하는 것입니다.

둘째, 꾸준한 자자자자멘습긍 관리로 안 좋은 감정들을 오래 머물지 않게 하는 것입니다.

셋째, 고난·역경·불행이 좋아하는 사람이 아닌 싫어하는 사람 되는 것입니다. 고난·역경·불행이 좋아하는 사람은 매사에 부정적이고 자기관리 안 하고 남 탓만 하고 항상 불만이 많은 사람입니다. 자신이 다 경험해봤다고 아는 척하며 자기 이득을 위해 사람들에게 피해를 주는 사람입니다. 고난·역경·불행이 싫어하는 사람은 그 반대입니다.

누구나 알고 있습니다. 하지만 늘 착각합니다. 그런 일 이미 경험했으니 이제는 안 일어날 거야! 설마 또 일어나겠어? 그러나 100

년을 살아도 내일 하루를 알 수 없는 게 우리네 인생입니다.

어제는 나의 동생, 내일은 나의 형.
동생에게 모범이 되기 위해 오늘도 최선을 다하겠습니다.
형에게 부끄럽지 않은 동생이 되기 위해
오늘도 최선을 다하겠습니다.
우리는 동생이 되었다, 형이 되었다,
반복하며 그렇게 살아갑니다.

 **step 45** 인생요리 최고의 레시피는 진심(나다움)이다

인생요리 최고의 레시피는 진심(나다움)이다

인생요리

진심

인생요리

 인생은 요리입니다.
욕심, 질투, 불만 양념을 첨가할 것인가?
감사, 배움, 변화, 행동,
함께 잘되기 위한 마음을 첨가할 것인가?
나답게 만들어가세요.

나다운 방탄멘탈 공식

우리는 누구나 셰프입니다. 인생 요리, 나다운 요리를 할 줄 아는
셰프입니다. 나다운 재료를 넣어 나다운 하루를 요리해야 하는

데 세상, 현실, SNS, 주위 사람들에 의해 하루라는 요리에 필요 없는 재료를 넣어 이 맛도 저 맛도 아닌 게 되어가고 있습니다.

음식에는 유통기한이 있지만 인생 요리에는 유통기한이 없습니다. 다만 나다운 맛을 내기 위한 꾸준한 시도가 있어야만 그 유통기한을 늘릴 수 있습니다.

어제까지 나다운 인생 요리 맛이 잘 나지 않았습니까? 걱정하지 마세요! 지금부터 특별 레시피를 가지고 다시 만들면 됩니다. 나다운 인생 요리 특별 레시피는 진심입니다. 진심은 천연 MSG, 마법의 가루입니다. 천연 MSG는 솔선수범, 행동, 실패(작은 결과)로 인한 배움, 꾸준함을 통해서 첨가할 수 있습니다.

어제까지 망쳤던 인생 음식도 다시 만들어갈 수 있는 마법의 가루, 진심입니다.

누구나 셰프입니다.
인생 요리 최고의 레시피는
진심(나다움)입니다.
천연 MSG는 솔선수범, 행동, 실패로 인한 배움, 꾸준함

 높은 산이 되기보다 뒷동산 같은 사람이 되자

높은 산이 되기보다 뒷동산 같은 사람이 되자

사람은 늘 외로움을 느낍니다.

그래서 그림자가 있나 봅니다.

그림자를 보려면 뒤를 돌아봐야 합니다.

외로움이 느껴질 때면 뒤를 돌아보세요.

나의 말투, 행동, 모습으로 주위 사람들을

떠나게 해서 외롭지는 않은지 자신의 입을 점검하세요.

나다운 방탄멘탈 공식

높은 산이 되어 사람들이 힘들어하는 사람이기보다는, 오름직한

동산이 되어 많은 사람이 친근하게 언제든 다가올 수 있는 사람이 되고 싶습니다.

높은 곳만 바라보고 앞만 바라보며 가다가 쉴 타이밍을 잃어 탈진하게 되면 슬럼프가 찾아와 이렇게 말을 겁니다. 왜 앞만 보고 가세요? 왜 자신을 괴롭히세요? 당신 몸 당신 것이 아니에요! 당신 가족, 당신이 소중하게 생각하는 사람들 겁니다! 당신이 몸을 아낄 때까지 당신 곁을 안 떠날 겁니다!

그러다 몸이 방전되어 허탈한 마음이 듭니다. 왜 이렇게 악착같이 했을까? 조금은 쉬엄쉬엄 해도 될 것을. 스스로 다그쳐 자신이 자신을 힘들게 합니다.

높은 곳, 앞만 보고 가지 마세요. 잠시 멈춰 숨을 고르고 뒤에 있는 그림자에게 말을 걸어보세요! 힘들지? 외롭지? 토닥토닥. 그 누가 알아주지 않아도 내가 나를 알잖아요, 지금 잘하고 있다는 거!

그림자는 인생길을 같이 가는 자신의 동반자(나다움)입니다.

높은 산이 되기보다
우리 동네 뒷동산 같은 사람이 되고 싶습니다.
오름직한 뒷동산이 되어주기 위해
먼저 시작하겠습니다.

 step**47** 인생이 쓴 이유?
여러 가지 맛들이 섞여 있기 때문!

인생이 쓴 이유? 여러 가지 맛들이 섞여 있기 때문!

인생의 접시

인생이 쓴 이유?
설레는 맛, 익숙한 맛, 달달한 맛, 슬픈 맛
웃기는 맛, 아픔의 맛, 즐거운 맛, 불행한 맛이 섞여
쓴맛이 나는 것입니다.
인생은 쓰다!
다 필요한 맛입니다!

무언가를 처음 대할 때 처음에는 설레는 맛을 느끼다가 점점 익숙한 맛으로 변하고 마지막에는 지루한 맛으로 바뀝니다. 무슨 일이든 설레는 맛, 익숙한 맛, 지루한 맛으로 이루어져 있습니다. 설레는 맛만 좋은 것이고 익숙한 맛, 지루한 맛이 안 좋은 것은 아닙니다.

설레는 맛 속에는 잘할 수 있을까? 까짓것 해보자! 실수하면 어쩌지? 결과가 안 좋으면 어쩌지? 욕먹으면 어떡하지? 이것만 잘 되면 좋겠다, 하면 배운다! 노력하면 배운다…… 맛들이 있습니다.

익숙한 맛 속에는 이제는 눈 감고도 하겠다, 요령이 생겨서 할 만하네. 대충 할까? 이 분야는 내가 전문가! 적당히 하면 되지? 초심은 개나 줘버려, 이제 적응이 돼서 즐겁지가 않네…… 맛들이 있을 것입니다.

지루한 맛 속에는 지루한 하루 또 시작이구나, 설렘이 필요해, 언제 끝나? 지금 하는 일이 비전이 있나? 시작할 때는 가능성이 있었는데 하다 보니 가능성이 안 보이네, 다른 일 할까? 업그레이드 할 시기가 왔다, 변화할 시기가 왔다…… 맛들이 있을 것입니다.

좋은 맛 10%, 안 좋은 맛 90%로 이루어진 것이 삶입니다. 따져 보면 안 좋은 맛이 아닌 자신에게 맞지 않다는 이유로 그 맛이 필요 없는 맛이 되는 경우가 많습니다. 그 맛들 자신에게 다 필요합니다.

각자의 맛있는 인생, 맛있게 사세요! 오늘도 맛나게 시작하겠습니다.

달달한 맛 10%, 쓴맛 90%로
이루어진 것이 인생입니다.
그래서 인생이 쓰다고 하는 것입니다.
인생은 씁니다. 그래서 '쓴' 납니다.

 **step 48** 자판기(기성품) 인생은 no,
나다운(수제품) 인생은 yes!

자판기(기성품) 인생은 no, 나다운(수제품) 인생은 yes!

수제품 (나다움) 만들고 싶다!

 자판기는 돈을 넣어야 상품이 나옵니다.

기성품, 즉 만들어져 있는 상품입니다.

세상, 현실, SNS는 기성품 인생을 강요하지만

우리의 인생은 수제품(나다움)입니다.

나다운 방탄멘탈 공식

하루! 한 달! 1년! 계획했던 결과가 바로바로 나온다면 그것은 자판기 인생입니다. 돈만 넣으면 그 돈에 맞게만 나오는 인생은 세상에 없습니다. 한 가지를 얻기 위해 10배, 20배, 100배의 노력과 인내, 기다림의 시간을 투자해야 나올까 말까입니다. 그 기다림을 긍정으로 바꿀 수 있는 방탄멘탈이 중요한 것입니다.

오늘 계획한 대로 좋은 결과가 나왔나요? 축하합니다! 너무 기뻐하지만은 마세요! 나중에 받을 행복을 미리 당겨 누리는 것입니다. 오늘 계획한 대로 좋은 결과가 나오지 않았나요? 슬퍼하지 마세요! 나중에 슬퍼할 일을 미리 당겨 슬픈 것입니다.

우리의 인생은 기성품이 아닌 수제품(나다움)
그래서 완제품이 나오기까지 시간이 많이 걸립니다.
수제품(나다움)을 다듬는 연장은
나다운 방탄멘탈, 자자자자멘습긍

step 49 나방이 되지 말자

나방이 되지 말자!
나방은 타서 죽는 줄도 모르고
불빛을 보면 본능적으로 달려들어 죽습니다.
세상, 현실, SNS 속 불빛으로
나다움이 타고 있습니다.

나다운 방탄멘탈 공식

우리는 많은 타이틀을 가지고 살아갑니다. 부모, 자녀, 직급, 소속…… 그 타이틀에 맞는 값어치를 못하면 그 타이틀과 연결된 사람들을 세트로 취급해버립니다. 자신이 어떤 지위에 있고 어떤 타이틀을 쓰면서 그 지위에 맞는 모습을 보여주고 있는지 생각해보고 행동을 조심해야 합니다.

위치가 사람을 만든다는 말은 옛말이 되어가고 있습니다. 지금 시대는 위치가 사랑을 망칩니다. 높은 위치에 있는 분들의 안 좋은 모습들을 많이 보다 보니 위치가 사람을 망친다는 말이 더 맞는 안타까운 현실이 돼버렸습니다.

옷걸이가 걸치는 옷마다 자신인 듯 착각하는 것처럼 옷걸이 같은 사람들이 많은 현실입니다. 현재의 지위, 타이틀에 맞는 말, 모습, 행동이 뒷받침 될 때 그 지위, 타이틀을 누가 인정해주지 않더라도 빛이 나는 것입니다.

어두운 밤하늘에 스스로 빛을 내는 별처럼 되어야지 나방이 되면 안 됩니다. 별은 스스로 빛을 내지만 나방은 자신이 타서 죽는 줄도 모르고 불빛만 찾아다니다가 끝이 납니다.

불빛에 타 죽는 줄도 모르고
나방은 불빛을 보면 달려듭니다.
돈, 권력, 물질은 불빛입니다.
너무 집착하여 달려들지 마세요.
자신의 인생을 타게 합니다.

step 50 자신을 변질시키는 말 그것 ○○○,
자신을 변화시키는 말 그것 ○○○

자신을 변질시키는 말? 그것 ○○○.

자신을 변화시키는 말? 그것 ○○○.

…

…

때문에, 덕분에

하는 일이 잘 안 되면 탓을 하게 됩니다. ~ 때문에 내가 잘 안 되고 있어. ~ 때문에 내가 이 모양 이 꼴이야. ~ 때문에 내가 가진 게 없어. ~ 때문에 내가 힘들어서 못 살아.

곰곰이 생각해보면 ~ 때문에는 다 다르지만 때문에 뒤에는 다 내가 있습니다. 한마디로 그것 때문이 아니라 결론은 자신인데 탓을 하는 것입니다. 탓을 많이 하는 사람들은 마음속 긍정인테리어를 부정의 불로 타게 해서 마음이 늘 허전한 것입니다.

마음의 빈곤은 방탄멘탈(자자자자멘습긍)로 꾸준히 관리해야만 채울 수 있는데 외적인 것, 물질적인 것, 권력, 눈에 혹하는 것으로만 채우려 하니 늘 외롭고 공허함이 사라지지 않는 것입니다.

경제적 금수저는 힘들어도 정서적 금수저가 될 수 있는 방법 알려드립니다! ~ 때문에를 줄이고 ~ 덕분에를 생활화해야 합니다. ~ 때문에는 불평불만이고 ~ 덕분에는 감사입니다. 참 쉽죠? 쉽다고 생각하니 안 하기에 아무나 못하는 것입니다. 정서적 금수저, 자자자자멘습긍으로 만들 수 있습니다!

사람 사이를 멀어지게 하는 말? 당신 때문에.
사람 사이를 가까워지게 하는 말? 당신 덕분에.

겸손은 보여주는 것이 아닙니다.
보여지는 것입니다.
나, 당신이 아닌 우리, 함께라는 마음이
꾸준한 행동으로 나올 때 보여지는 것입니다.

제 **6** 단계

나다운 블루다이아몬드멘탈

 **step 51** 당신의 인생 마라톤 몇 km 왔나요?

당신의 인생 마라톤 몇 km 왔나요?

20살
5km

40살
10km

60살
21km

100살
41km

인생은 마라톤
기록에 목표를 둘 것인가?
완주에 목표를 둘 것인가?
하루하루 기록을 목적으로 살면 여유가 없지만
하루하루 완주를 목적으로 살면
나다운 여유가 생깁니다.

나다운 방탄멘탈 공식

우리는 등수가 매겨지는 세상을 살고 있습니다. 1등, 금메달, 대상, 성공…… 지금도 그 등급이 그 사람의 모든 것을 말해주는 듯한 착각 속에 살고 있습니다.

세상은 늘 메시지를 보냅니다. 그 등수에 들지 않으면 인생 잘 살고 있지 않다, 더 해야 한다, 그것만이 인정받고 행복한 인생을 살 수 있다. 어딜 가도 들리는, 소리가 아닌 소음입니다. 소리는 자신의 내면에서 말하는 것입니다. 소음이 너무 크다 보니 자기 내면의 소리를 듣지 못해 나다움, 나만의 페이스를 잃어갑니다.

당신의 위치가 사람들이 알아주는 등수가 아니더라도 초라하게 생각하지 마세요. 우리는 2등입니다. 그래서 더욱 열심히 일합니다. 등수가 중요한 것이 아닙니다. 자기의 메타인지(나는 얼마만큼 할 수 있는가에 대한 판단)를 생각하고, 미흡하고 모난 부분을 다듬고 채우다 보면 등수를 떠나 자기만의 페이스를 만들어갈 수 있습니다.

저는 명강사, 스타강사, 1억 연봉의 프로강사는 아닙니다. 그래서 한 달에 책 15권씩 보며 12년간 자자자자멘습긍 122가지 습관을 만들어 관리합니다. 느낌 오시죠? 시작은 늦었어도 나의 페이스로 완주하는 것이 가장 행복한 인생 마라톤입니다!

5km, 10km, 21km, 41km 완주를 다 해보니 알았습니다. 뛰어보기 전에는 1등이면 가장 행복할 줄 알았습니다. 그건 저의 착

각이었습니다. 나의 페이스를 잃지 않고 완주해보니 그 누구보다 행복하다는 것을 깨달았습니다.

부모, 자녀, 직장, 친구, 이웃, 동료…… 각자의 위치에서 자신의 페이스대로만 한다면 보여지는 것이 없더라도 잘하고 있는 것입니다. 출발이 늦었나요? 다 지구 안에 있습니다.

당신의 인생 마라톤 몇 km 왔나요?

20살=5km, 40살=10km, 60살=21km, 100살=41km

기록이 아닌 완주를 위해 뜁시다.

이것이 나다운 마라톤입니다.

 **step 52** 시작을 잘하는 주문, 까짓것 해보자!
못하면 좀 어때!

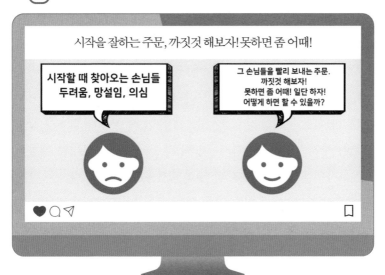

시작을 잘하는 주문, 까짓것 해보자! 못하면 좀 어때!

> 시작할 때 찾아오는 손님들
> 두려움, 망설임, 의심

> 그 손님들을 빨리 보내는 주문.
> 까짓것 해보자!
> 못하면 좀 어때! 일단 하자!
> 어떻게 하면 할 수 있을까?

시작할 때 찾아오는 손님들

두려움, 망설임, 의심······

이 손님들을 빨리 내보내는 주문

까짓것 해보자! 못하면 좀 어때!

일단 하자! 어떻게 하면 할 수 있을까?

나다운 방탄멘탈 공식

어떤 일이든 처음 시작하는 것이라면 용기가 필요합니다. 망설
이다 보면 두려움이 용기보다 먼저 찾아와 똑똑똑! 계세요? 마음

의 초인종을 누릅니다. 두려움이 자기 귀에 자기만 들을 수 있는 목소리로 말합니다. 시작이 반? 그건 멍멍이나 주고. 안 해봤잖아! 안 될 거야! 당신은 안 돼! 포기해! 그럼 세상 편해! 내일 해! 다음에 해! 지금 게으름을 누려~~!

어떤 일이든 마찬가지입니다. 두려움은 잡초처럼 몸에서 자라납니다. 부정의 잡초는 빠르게 자라기에 숨을 거두는 날까지 관리해야 합니다. 두려움의 잡초, 게으름의 잡초, 부정의 잡초를 긍정의 낫, 자기관리의 낫, 자기계발의 낫, 좋은 것만 보려는 행동의 낫, 봉사의 낫, 나눔의 낫, 함께 잘되기 위한 행동의 낫으로 제거해야 합니다. 용기가 가장 많이 생길 때가 그것을 하기 전보다 막상 시작할 때입니다. 의욕이 있어서 시작하는 것이 아니라 시작을 하면 의욕이 더 생기고, 열정이 있어야 움직이는 것이 아니라 움직이면 열정이 더 생긴다고 합니다.

이순신 장군님의 명언이 있습니다. '두려움을 용기로 바꿀 수 있다면'. 장군님도 두려움을 느껴서 그런 말을 했는데 보통 사람인 우리가 두려움을 느끼는 건 당연한 겁니다. 까짓것 해보자! 내일 다시 해보자! 세 번 크게 말하고 다시 해봅시다!

할까 말까 고민일 때는 무조건 하자!
하면 된다보다 하면 는다!
하면 배운다! 하면 성장한다! 하면 변화한다!
이 말이 더 현실적입니다.

 **step 53** 바꾸려 들면 성질이 드러나고,
쌓으려 하면 성질이 들어간다

세상에서 가장 바보인 사람은

상대를 바꾸려 하는 사람입니다.

세상에서 가장 현명한 사람은

자신을 바꾸려 하는 사람입니다.

그래서 현명한 사람들이 많이 없습니다.

사람 관계를 잘하기 위한 시작

그럴 수도 있지! 그랬구나! 그러려니 하자!

기존에 있던 것을 전부 바꾸기가 쉬울까요, 기존에 있던 것을 그대로 놔두고 그 위에 쌓는 게 쉬울까요?

당연히 쌓는 게 쉽겠지요. 세상에서 가장 어려운 게 상대를 바꾸는 것입니다. 우리 냉정하게 생각해봅시다. 상대를 바꾸려 하는 이유가 자기 기준에 맞추기 위함인가요 아니면 평균적인 사람들 기준에 맞추기 위함인가요?

평균적으로 보면 바꾸려고 드는 쪽은 상대적으로 주도권을 쥐고 있는 사람들입니다. 그래서 권유보다는 강요, 부탁보다는 해라 말투가 나오는 경우가 많습니다. 그러다 보니 서로 절충하는 방향이 아닌 자기 편한 쪽으로 끌고 가다가 트러블이 생기는 것입니다.

상대를 바꾸는 것은 어렵기에 쉬운 방법을 알려드립니다. 그 사람이 바뀌지 않는다는 것을 먼저 인정해야 합니다. 이해돼야 인정하는 것이 아닙니다. 공식처럼 외우세요. 바꾸는 것이 아니라 긍정적인 생각을 쌓는 것입니다. 그 사람이 이렇게 바뀌면 좋겠다는 생각은 자기 기준에는 긍정이지만 상대에게는 부정입니다. 그래서 그 부정의 생각은 그대로 놔두고 이런 생각을 더하는 것입니다. 저런 성격도 있구나, 저런 성향도 있구나, 내가 너무 이기적으로 나에게 맞춰주기만을 바랐구나.

이해하려는 긍정의 생각을 쌓는 것입니다. 그럴 수도 있지, 그랬구나, 그러려니 하자…… 이런 말들을 의도적으로 자주 하다 보면 그런 마인드가 더 생기는 것이 사람의 심리입니다. 그래서 삶은 바꾸는 것이 아니라 쌓는 것입니다. 모든 것을 쌓는다는 마음으로 오늘도 소중한 관계를 바꾸려 들지 말고 다시 쌓아갑시다. 바꾸려 들면 성질이 드러나고, 쌓으려 하면 성질이 들어갑니다.

상대를 바꾸려 들면 성질이 드러나고
자신을 먼저 바꾸려 하면 성질이 들어갑니다.
가장 불행한 사람은 성질대로 사는 사람입니다.

 **step 54** **가능성은 바람 같은 것,
바람은 보이지 않지만 보이게 합니다**

가능성은 바람 같은 것, 바람은 보이지 않지만 보이게 합니다

보이지는 않지만 바람을 느끼는 것처럼! · 보이지는 않지만 꽃을 흔들리게 하는 것처럼! · 보이지는 않지만 구름을 이동시키는 것처럼!

0.1% 가능성을 99% 가능성으로 만드는 방법은
꾸준히 정성을 쏟고 집중하는 것입니다.
99% 가능성도 정성을 쏟지 않고 집중하지 못하면
0.1% 가능성보다 못합니다!
그 무엇이든 가능성을 높이는 공식은 꾸준함, 정성,
집중입니다.

나다운 방탄멘탈 공식

가능성은 눈에 보이지 않지만 느낄 수 있습니다. 한순간의 화려
함으로 가능성을 보여주는 것이 아닙니다. 꾸준한 행동으로 느
끼게 해주는 것입니다.

누구에게나 가능성이 있습니다. 그 가능성을 모습으로 느끼게
해주기 위해 어떤 꾸준함을 실천하고 있는지가 중요합니다. 자
신에게 물어보십시오! 무엇을 꾸준하게 하고 있는지. 그 꾸준함
은 자신의 가능성을 높이는 것입니다.

사소한 것이라도 긍정의 꾸준함, 주위 사람들에게 도움이 되는
꾸준함은 가치가 있는 꾸준함입니다. 기부 1조, 해외 봉사, 나
눔……? 직접 해야만 기부, 봉사, 나눔은 아닙니다. 나의 꾸준한
행동이 함께 잘되기 위함이라면 그것 또한 기부, 봉사, 나눔의 시
작입니다.

가능성은 '함께'라는 마음이 많을 때 더 올라갑니다. 사과씨 안

에 얼마나 많은 사과가 있을지 모릅니다. 도토리 한 알에 얼마나 많은 도토리가 있을지 모릅니다. 포도씨 안에 얼마나 많은 포도가 있을지 모릅니다. 죠리퐁 한 봉지에 얼마나 많은 죠리퐁이 있을지 모릅니다.

씨의 가능성을 끌어내기까지 꾸준한 관리가 있어야 하듯, 자신의 가능성을 끌어내기 위해서는 꾸준한 인성 관리가 중요합니다. 자신의 가능성을 높이고 낮추는 것은 꾸준함과 인성입니다. 저 사람은 뭘 해도 되겠다, 저 사람과 같이 일하고 싶다, 저 사람을 알고 있어 기분 좋다! 이런 말들이 아닌 반대의 생각을 들게 하는 사람은 아닌지 점검해야 합니다.

가능성은 눈에 보이지 않지만 분명 느낄 수 있습니다.
보이지는 않지만 바람을 느끼는 것처럼!
보이지는 않지만 꽃을 흔들리게 하는 것처럼!
보이지는 않지만 구름을 이동시키는 것처럼!
자신을 알고 있는 사람들에게 바람 같은 가능성이 되어주기 위해 오늘도 시작합시다. 어제보다 나은 내가 되는 0.1% 행동이 시작입니다. 가능성, 나답게 만들어가세요!

가능성은 바람 같은 것입니다.
바람은 보이지 않지만 느낄 수 있습니다.
보이지는 않지만 피부로 느끼는 것처럼
보이지는 않지만 꽃을 흔들리게 하는 것처럼

보이지는 않지만 구름을 이동시키는 것처럼

보이지 않는 가능성을 보이게 만드는 것은

방탄멘탈! 자자자자멘습긍입니다.

 **step 55** SNS는 제2의 자아, SNS 평판시대!

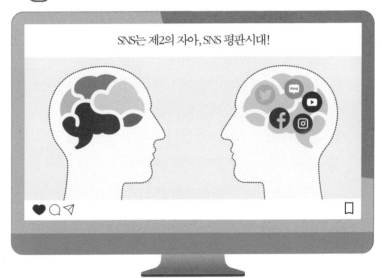

SNS는 제2의 자아, SNS 평판시대!

짝퉁 칭찬?

외적인 것을 칭찬하는 것

명품 칭찬?

꾸준함 속에서 함께 잘되기 위한 행동을 칭찬하는 것

짝퉁 칭찬은 멘탈·자존감을 낮추고

명품 칭찬은 멘탈·자존감을 높입니다.

나다운 방탄멘탈 공식

가장 좋은 칭찬이 뭘까요? 미스코리아보다 예뻐요? 연예인보다 잘생겼어요? 외적인 칭찬? 일을 잘해서 받는 칭찬? 아닙니다. 사람 인성을 칭찬해주는 것입니다.

하는 행동마다 보기 싫고 평상시 모습과 다르게 포장을 많이 해서 겉과 속이 다르다는 말이 떠오르게 하는 사람이 있는가 하면, 하는 행동마다 평상시와 같은 모습으로 꾸준히 하는 모습에 늘 마음으로 손뼉을 치게 만드는 사람이 있습니다. 특히 SNS를 보면 알 수 있습니다. SNS 속에서 평상시 모습과 많이 다르고 포장을 많이 하는 모습이 보이면 그 사람은 멀리해야 합니다.

가까이 지낼 사람인지 멀리해야 할 사람인지 단번에 알 수 있는 방법 알려드립니다. 같이 있을 때 다른 사람 이야기를 비판적으로 하고 의도적으로 편을 가르는 사람은 멀리해야 합니다. 그런 사람들을 보면 안타깝습니다. 그런 말들이 자신을 더 천하게 만든다는 것을 모르는 것 같습니다. 자신의 나쁜 의도를 모를 거라고 착각하는 어른 초딩이 많습니다! 그런 마인드인데 SNS에서는 고상한 척, 잘나가는 척, 상냥한 척, 오호호호~~ 님 덕분입니다, 마음에 없는 말을 남발합니다. 〈고해〉 비트 주세요! 어찌합니까~~~ 이 썩을 님을 어찌할까요?

'당신은 제가 다음 생에서도 제발 만나지 않았으면 좋겠다는 생각을 10,000배 들게 합니다.'

'당신은 제가 좋은 사람이 되고 싶도록 만듭니다. 다음 생에는 절친으로 다시 만나고 싶습니다.'

지금 당신은 어떤 모습으로 평상시 SNS를 조절하고 있습니까?

SNS는 제2의 자아입니다.

지구가 끝나는 날까지 모든 것이

남아 있습니다. 무서운 것입니다.

SNS에서 너무 쉽게 말하지 마세요.

SNS 평판시대입니다! 평판관리 해야 합니다!

 step 56 사람의 손은 네 개?
오른손, 왼손, 겸손, 오손도손

사람의 손은 네 개? 오른손, 왼손, 겸손, 오손도손

사람의 손은 세 개?
오른손, 왼손, 겸손
방탄멘탈 전문가의 손은 네 개?
오른손, 왼손, 겸손, 오손도손

나다운 방탄멘탈 공식

사람은 누구나 손이 세 개입니다. 오른손, 왼손, 겸손입니다. 자신은 어떤 손 잡이입니까? 오른손, 왼손은 어느 시점이 되면 익숙해져서 배움을 자연스럽게 멈추지만 겸손은 배움을 멈추면 안 되는데 배우려 하는 사람은 극소수입니다.

사람들이 착각하는 것이 하나 있습니다. 시간이 흐르면 자연스럽게 나이를 먹듯 겸손, 인성, 배려, 존중, 친절, 꾸준함, 성실함도 나이 먹으면 생기는 것이라고 착각합니다. 그래서 나잇값을 못하는 어른 아이가 많습니다! 그 어떤 것보다 이런 것들을 더 배우고 익혀야 삶의 질이 올라가는데도 소홀히 하고 있습니다.

지금 시대에는 전문가라고 인정받는 사람들이 많고 자기 분야에서만큼은 최고로 인정받기 위해 치열하게 노력합니다. 하지만 어떤 시대인가요? 노력이 배신하는 시대입니다. 노력하지 말라는 말이 아닙니다. 올바른 노력이 중요하다는 것입니다.

올바른 노력이란 뭘까요? 아무리 그 분야에서 잘나가는 사람이라도 겸손함이 없으면 수많은 노력으로 일군 경력, 성과들을 사람들은 긍정적으로 안 보고 부정적으로 판단해버립니다.

'아~ 저 사람 요즘 잘나가지? 사람도 좋아!'

'아~ 저 사람 요즘 잘나가지? 인간이 되려면 멀었어! 잘나가면 뭐해? 사람들이 다 속으로 욕하는 줄도 모르고 겉만 번지르르하게 포장만 잘하지.'

어떤 사람이 되고 싶으신가요? 자신의 전문성을 높여주기 위해 세 번째 손, 겸손이 뒷받침돼야 합니다.

최보규 방탄멘탈 전문가는 손이 네 개입니다! 네 번째 손은 오손도손입니다. 오른손, 왼손, 겸손, 오손도손! 세 번째, 네 번째 손을 가장 많이 보여주기 위해 오늘도 솔선수범하겠습니다.

겸손은 보여주는 것이 아닙니다.

보여지는 것입니다.

나, 당신이 아닌 우리, 함께라는 마음이

꾸준한 행동으로 나올 때 보여지는 것입니다.

 **step 57** 선택을 잘하는 유일한 방법? 최고의 방법?

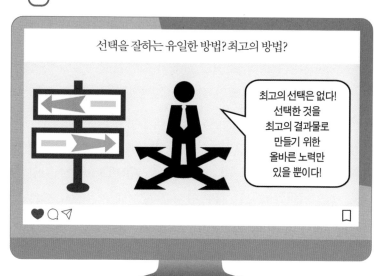

 선택을 잘하는 방법?

A, B 중 B를 선택한 순간

애초에 A는 없었다는 마음으로

모든 것을 B에 집중하는 것입니다.

B를 선택한 순간 하나가 남아 있으니

나중에라도 할 수 있어! 라는 생각을 하면

이미 선택한 것도 망칩니다.

당신의 선택으로 최고의 결과물을 내려면

배수의 진을 쳐야 합니다.

나다운 방탄멘탈 공식

지금 자신을 이루는 모든 것은 자신이 선택한 결과물입니다. 하지만 결과물이 좋지 않으면 자신이 선택했는데도 탓을 하는 사람들이 많습니다.

선택이 다 좋은 결과를 내는 것은 아닙니다. 바로 결과가 나오는 선택도 있고, 여러 번의 선택 속에 안 좋은 결과물이 누적되어 나중에 좋은 결과가 나오는 때도 있습니다. 선택 한 번으로 좋은 결과가 나올 수도 있고, 선택 100번을 통한 100번의 안 좋은 결과 누적으로 101번째 좋은 결과가 나오는 상황들도 있기에 아무도 모른다는 것입니다.

한두 번의 선택으로 좋은 결과를 받아들이는 것은 누구나 하지만, 수십 번의 선택 속에 안 좋은 결과가 나오는데도 자신의 선택을 믿고 꾸준히 하는 사람은 드뭅니다.

오늘도 우리는 수많은 선택으로 하루를 채워갑니다. 이거 먹으면 살찌는데? 인생 뭐 있어? 내일부터~~ 씹고 뜯고 맛보고 즐기고~ 그러다 아프고 후회하고 서럽고 외롭고~~ 이거 안 하면 편한데? 인생 뭐 있어? 내일 하자. 노세~ 노세~ 젊어서 노세…… 그러다 나중에 놀 인생 다 써서 말년에 일만 해야 될 수도 있습니다.

지금 부지런해서 삶이 행복하면 미래의 행복을 당겨쓰지만 그만큼 채워지는 것입니다. 지금 게을러서 불행하면 미래의 불행을 당겨쓰고 다음 생애 불행까지 당겨쓰는 것입니다.

부지런함을 선택할 건가요, 게으름을 선택할 건가요. 선택은 주둥이로 하는 것이 아닙니다. 행동으로 하는 것입니다.

좋은 결과를 바라기 전에
좋은 결과가 나올 수밖에 없는
행동을 꾸준히 하자.
꾸준함 속에 좋은 결과는
멘탈을 방탄멘탈로 만들고,
운 좋게 한두 번으로 만들어지는 결과는
멘탈을 순두부멘탈로 만든다.

 내가 가는 길이 꽃길이 아니라고 해서
도착하는 곳이 꽃밭이 아니라고 단정 짓지 말자

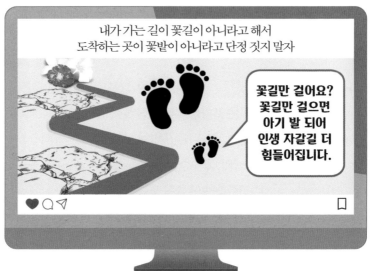

어제보다 나은 가족, 친구, 애인,
부모, 자녀, 리더, 상사, 직원이 되어주기 위해
오늘 해야 할 일에 집중하겠습니다.

나다운 방탄멘탈 공식

어제보다 나은 삶이 되고 싶은 마음, 어제보다 나은 사람이 되고
싶은 마음, 어제보다 나은 통장 잔고가 되었으면 하는 마음, 어제
보다 나은 평판을 듣고 싶은 마음, 어제보다 나은 실력을 쌓고 싶

은 마음…… 누구에게나 이런 마음이 있습니다.

누군가는 '내가 할 수 있겠어? 평생 그렇게 살아왔는데. 지금처럼 사는 거지.' 하며 자극을 받아야 움직입니다. 반면 누군가는 '어떻게 하면 할 수 있을까? 지금부터 사는 거다.' 하며 스스로 자극을 줘서 움직입니다.

오늘은 누구나 처음입니다. 지금 별 볼일 없는 건 과거에 내가 별 볼일 없이 행동해왔기 때문입니다. 지금 내가 무엇을 행동하느냐에 달렸습니다. 잘 살고 있는지 못 살고 있는지 스스로 아는 방법이 뭔지 아십니까? 주위 사람들이 자신을 두고 어떤 말을 많이 하는지 어떤 소문이 도는지를 들어보면 알 수 있습니다.

주위 사람들이 자신을 어떻게 생각하고 있나요? 자신의 소문이 어떻게 돌고 있나요? 좋은 소문이든 안 좋은 소문이든 늘 지금부터 정신 차리고 다듬어야겠다는 마음으로 만들어 가는 것이 중요합니다. '지금처럼'이 아니라 '지금부터'가 중요합니다.

내가 가는 길이 꽃길이 아니라고 해서
도착하는 곳이 꽃밭이 아니라고 단정 짓지 마세요.
꽃길만 걸어요? 꽃길만 걸으면
아기 발 되어 인생 자갈길 더 힘들어집니다.

 **step 59** 혀에는 뼈가 없지만 말투는
상대방 뼈를 부술 수 있습니다

연구에 따르면 부부가 이혼하는 이유?
성격 차이, 나이 차이, 자녀 문제, 돈 씀씀이,
고부 갈등이 아니라 말투였다고 합니다.
모든 갈등은 말투에서 시작합니다!
사람을 살리는 말투? 죽이는 말투? 최초 공개합니다!
혼자 잘 먹고 잘 살려는 마음에서
나오는 말투는 자신, 상대를 죽이고
함께 잘 살려는 마음에서 나오는 말투는
자신, 상대도 살립니다.

나다운 방탄멘탈 공식

옳게 사는 게 사람답게 사는 것입니다. 옳게 살지 않는 사람들이 많은 현실 속에서 옳게 사는 게 뭘까요?

상식적으로 법을 어기지 않는 것만 옳게 사는 게 아닙니다. 그건 당연한 겁니다. 그렇게만 생각하고 있다면 초딩 마인드입니다. 법을 떠나 사람 관계 속에서 자신의 이득을 추구하기 위해 주위 사람들을 안 좋게 말하고, 그 위치에 맞는 선한 영향력을 보여줘야 하는데 더 안 좋은 모습을 보이고, 자신의 마음에 안 든다는 이유로 안 좋은 말을 부풀리고, 거짓말과 자기 포장을 많이 하는 것이 옳지 않게 사는 것입니다.

사람 인맥 다 거기서 거기입니다. 다 알게 됩니다. 법만 잘 지킨다고 옳게 사는 게 아닙니다. 더 늦기 전에, 인간관계 더 썩어 들어가기 전에 전문가에게 상담 받고 다시 시작하세요.

혀에는 뼈가 없습니다.
하지만 뼈를 부순다고 합니다.
발음이 안 좋은 것보다
뼈를 부수는 말투가 더 심각합니다.
삶을 바꾸고 싶다면 말투를 점검해야 합니다.

 **step 60** 당신의 첫 마디가 당신을 만듭니다.
내가 할 수 있을까? 어떻게 하면 할 수 있을까!

당신의 첫 마디가 당신을 만듭니다.
내가 할 수 있을까? 어떻게 하면 할 수 있을까!

내가 할 수 있을까?

어떻게 하면 할 수 있을까?

자신감의 전부가 될 수 있습니다.
용기의 전부가 될 수 있습니다.
두려움의 전부가 될 수 있습니다.
부정의 전부가 될 수 있습니다.
긍정의 전부가 될 수 있다는 것을 명심하세요.

내가 할 수 있을까? 라는 말은

당신의 모든 것을 스톱하게 만듭니다.

어떻게 하면 할 수 있을까? 라는 말은

당신의 모든 것을 행동하게 만듭니다.

한 마디 시작이 그 일의 전부가 될 수 있습니다.

'잘할 수 있을까?'

'못하면 좀 어때!'

습관적으로 어떤 말을 하느냐에 따라 그것을 시작할 때 자신감의 전부가 될 수 있습니다. 용기의 전부가 될 수 있습니다. 두려움의 전부가 될 수 있습니다. 부정의 전부가 될 수 있습니다. 긍정의 전부가 될 수 있습니다. 이것을 시작 효과라고 합니다! 무언가를 시작할 때 부정의 의문을 던지느냐 긍정의 의문을 던지느냐에 따라 그 일을 대하는 시각과 태도가 달라지는 것입니다.

습관적으로 시작도 하기 전에 부정과 의심의 말(난 안 되겠지? 전에도 잘된 적이 없었는데? 좋은 결과 안 나올 거야. 내가 되겠어?)로 시작부터 마이너스로 시작하니 자신감이 저하돼 결과에 만족을 못 하는 것입니다.

대책 없는 추상적 말, 긍정이 아닌 낙천적 말을 남발하는 것도 문제입니다. '하면 된다! 노력하면 된다! 난 왜 하는 일마다 잘 되지?' 이런 말들에는 심리적으로 빠른 결과물이 나올 거라는 기대가 내재돼 있어, 단기간에 결과가 나오지 않으면 동기부여를 약하게 만들어 꾸준함을 유지하지 못하게 만듭니다. 낙천적인 말이 아니라 긍정적인 말을 해야 합니다.

말도 습관입니다.

부정적 시작 효과! 난 안 되겠지? 전에도 잘된 적이 없었는데? 좋은 결과 안 나올 거야. 내가 되겠어?

낙천적 시작 효과! 잘할 수 있어. 난 할 수 있어. 하면 된다. 노력하면 된다. 왜 난 하는 일마다 잘 되지?

긍정적 시작 효과! 잘하지 않아도 괜찮아. 못하면 좀 어때. 하면 는다. 노력하면 는다. 하면 배운다. 노력하면 배운다. 하면 성장한다. 노력하면 성장한다. 하면 어제보다 나은 내가 된다. 노력하면 어제보다 나은 내가 된다. 개미처럼 작은 성취감들이 누적되어 자자자자멘습긍이 향상되는 것입니다.

오늘 하루 어떤 말로 시작하실 건가요?

'오늘도 잘해야 하는데?' 아닙니다.

'잘하지 않아도 괜찮아! 못하면 좀 어때!'

낙천적인 말은 희망 고문을 시킵니다.
긍정적인 말은 개미 성취감들을 누적시켜
지치지 않게 해줍니다.
하면 0.1% 는다! 노력하면 0.1% 는다!
하면 0.1% 배운다! 노력하면 0.1% 배운다!
하면 0.1% 성장한다! 노력하면 0.1% 성장한다!
어제보다 나은 내가 되자!

step 61
슬럼프 모기,
권태기 모기가 다가와 속삭인다

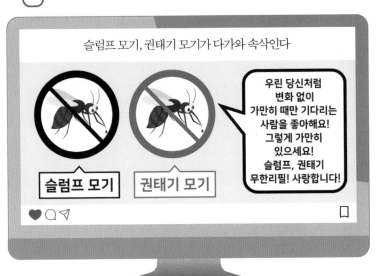

슬럼프 모기, 권태기 모기가 다가와 속삭입니다.

우린 당신처럼 변화 없이

가만히 때만 기다리는 사람을 좋아해요!

그렇게 가만히 있으세요!

슬럼프, 권태기 무한리필! 사랑합니다!

슬럼프, 권태기 모기는

자신이 부른다는 것을 명심하세요!

나다운 방탄멘탈 공식

움직인다는 것은 행동한다는 것을 의미합니다. 부지런하다, 긍정적이다, 꾸준하다, 변하고 있다…… 이런 행동들은 목표에 도달하는 디딤돌이 될 것입니다. 세상에서 가장 무서운 것은 천재지변이 아닙니다. 내일부터 하자는 말을 하는 당신의 게으름입니다.

게으름은 모기입니다. 가만히 있으면 물리고 움직이면 물리지 않습니다. 지금 시대의 모기는 슬럼프 모기! 권태기 모기! 우울함 모기! 나태함 모기! 자만심의 모기! 불평불만의 모기입니다. 이 모기들은 우리에게 다가와 항상 이렇게 속삭입니다. 우린 당신처럼 하던 것만 하고 변화 없이 잘되려고 하는 사람을 가장 좋아해요! 숨을 거두는 날까지 함께해요! 사랑해요! 이 모기들은 우리가 어떤 일을 어느 수준까지 하고 난 뒤 이 정도면 됐다며 익숙해지려 할 때 인정사정없이 달려듭니다.

제가 지금 일만 하라고 말하는 것이 아닙니다. 자신이 하는 일에서 어떻게 하면 대체 불가능한 사람이 되기 위해 전문성을 키울 것인가를 고민하며, 자자자자멘습긍을 통해 빠르게 변화하는 현실에서 어떻게 하면 돌파구를 찾고 성장할 것인가를 고민, 공부해야 합니다.

지금 하는 일이 힘들다, 어렵다 말은 하면서 변화 없이 똑같은 방법만 고집하고 새로운 기회가 오기만을 기다리는 사람들을 그 모기들이 좋아합니다. 어렵고 힘들수록 때를 만들어가기 위한 행동이 있어야 합니다. 혼자서는 어렵다면 전문가를 통해서라도 찾고 배워야 합니다.

살면서 그 모기들을 안 오게 할 수는 없습니다. 하지만 자기 몸에 앉게는 하지 말아야 합니다. 모기퇴치 홈키파, 소개해드립니다. 세일 중이니 매진되기 전에 준비하세요. 삶의 모기는 사계절에 다 있습니다. 책 홈키파! 자기관리 홈키파! 유튜브 자기계발 영상 홈키파! 교육프로그램 홈키파! 그중에서도 가장 강추하는 홈키파는 최보규 유튜브 채널 〈나다운TV〉입니다!

게으름은 모기다!
가만히 있으면 물리고 움직이면 물리지 않는다.
지금 시대의 모기?
슬럼프 모기! 권태기 모기! 우울함 모기!
나태함 모기! 자만심 모기! 불평불만 모기!

 좋은 사람은 찾는 게 아닙니다.
만나는 게 아닙니다

좋은 사람은 찾는 게 아닙니다.
좋은 사람은 만나는 게 아닙니다.
그런 사람이 되어주는 게 삶의 의미입니다.

나다운 방탄멘탈 공식

좋은 사람 있으면 소개해주세요! 네! 소개해드릴게요! 대신 조건
이 있습니다. 늘 약속을 어겼으니 이번만은 약속하세요. 어겼을
시 좋은 사람 평생 못 만날 수 있다는 것을 약속하시겠습니까?

한다고요? 소개해드릴게요! 자신이 바라는 좋은 사람이 먼저 되세요!

우리는 좋은 사람을 만나고 싶어 평생 찾고 바라지만 좋은 사람을 만나기란 쉽지 않습니다. 좋은 사람의 기준이 뭘까요? 또 안좋은 사람의 기준은 뭘까요? 자기에게 잘하는 사람? 자기에게 못하는 사람? 좋은 사람은 찾는 게 아닙니다. 좋은 사람은 만나는 게 아닙니다. 그런 사람이 되어주는 게 삶의 의미입니다!

각자 싫어하는 사람이 있을 것입니다. 그런 사람이 먼저 되지 않기 위해 행동을 조심합니까? 좋아하는 사람의 기준도 있을 것입니다. 그런 사람이 먼저 되어주기 위해 끊임없이 배우고 성장합니까?

기계는 고쳐 써도 사람은 고쳐 쓰는 게 아닙니다. 고쳐 쓰는 방법 알려드립니다. 그 사람 스스로 '고쳐야겠다'는 마음을 들게 하는 것이 최고의 방법입니다. 그 마음을 들게 하는 방법은 내가 먼저 꾸준히 선한 모습을 보여주는 것입니다. '저 사람은 내가 좋은 사람이 되고 싶도록 만들어!' 하는 생각을 들게 하는 것이 사람을 스스로 고쳐 쓰게 만드는 최고의 방법, 아니 유일한 방법입니다.

시간이 얼마가 걸릴지 모릅니다. 당연한 겁니다. 시간을 세지 마세요! 자신을 알고 있는 사람들에게 좋은 사람 되어주는 게 우리가 살아가는 이유이고 삶의 행복이기 때문입니다.

사람은 고쳐 쓰는 게 안 됩니다!

스스로 고쳐 쓰는 것입니다.

스스로 고쳐 쓰게 만드는 유일한 방법?

당신은 내가 좋은 사람이 되고 싶도록 만들어요!

이런 사람이 되는 것입니다.

 당신은 끌고 가는 리더인가, 끌어가는 리더인가?
끌고 가면 상처가 남고 끌어가면 상처가 아문다!

멋진 리더가 되는 것에 힘쓰지 말고
자신을 따르는 사람들을
멋지게 만들어주는 것에 힘써야 합니다.
리더님은 우리가 좋은 사람이 되고 싶도록 만들어요!

나다운 방탄멘탈 공식

멋진 리더가 많은 현실이 아닌, 멋져 보이려는 리더만 많은 현실입니다. 우리 리더와 함께라면 나도 비전이 있는 사람, 성장하는 사람, 필요한 사람이 될 수 있겠다! 우리는 이런 리더가 되기 위해 힘써야 합니다.

지금 시대에 리더라고 불리는 사람들은 스마트폰보다 많습니다. 하지만 스마트폰보다 더 안 좋은 영향을 끼칩니다. 무능한 리더는 배를 침몰시킵니다. 혼자 있을 때의 습관으로 리더십을 하니 안 되는 것입니다. 실력이 있어서 리더를 하는 것보다 돈 좀 있어서 리더를 하니 리더십이 나오지 않습니다. 따르게 해야 되는데 그냥 따라와 마인드로 하니 제대로 하는 리더가 없는 게 현실입니다.

함께하는 사람이 1명이면 책 1권 보고 자기계발에 2배 이상 투자해야 되고, 함께하는 사람이 3명이면 책 3권을 보고 자기계발에 6배 이상 투자를 해야 제대로 된 리더십이 나오는 것입니다. 그만큼 리더라는 자리는 이끌고 있는 사람 수만큼 담을 수 있는 지식의 그릇, 마음의 그릇을 키워야 되는 것입니다.

사람의 마음마저 따르게 하고 함께할 사람을 만든다는 게 세상에서 가장 어려운 것입니다. 그래서 리더라면 더 배우고 업그레이드하며 자기계발에 끊임없이 힘써야 합니다. 경력, 전문성만 생긴다고 자동으로 리더십이 나오는 게 아닌데 착각하는 리더들이 많습니다.

자신과 함께할 수 있는 1명을 찾기 위해 10,000명에게 배신을 당해야 한다면 감당할 수 있겠습니까? 상상을 초월하는 상황을 겪으면서도 그 한 사람을 찾기 위해 꾸준히 노하우를 전수하고, 배신을 당하더라도 그 한 사람을 만나러 가는 디딤돌로 생각하는 마음으로 꾸준함 속에서 그 한 사람을 찾는 것입니다.

인생은 외롭습니다. 리더는 더 외롭습니다! 하지만 그 한 사람을 찾으면 그 리더는 우주에서 가장 행복한 사람입니다. 그 사람 찾는 내비게이션은 자신이 피땀 흘려 습득한 노하우를 '배워서 남 주자'는 마음으로 주는 것입니다.

바람이 눈에 보이지 않지만 분명 느낄 수 있는 것처럼, 그 한 사람이 느끼는 날까지 베푸는 마음이 있어야 만날 수 있는 것입니다.

당신은 끌고 가는 리더인가? 끌어가는 리더인가?
당신은 끌고 가는 부모인가? 끌어가는 부모인가?
끌고 가면 상처가 남고 끌어가면 상처가 아문다!

리더는 아무나 된다. 리더다운 리더는 아무나 될 수 없다.

부모는 누구나 된다. 부모다운 부모는 아무나 될 수 없다.

리더 자격증이 필요한 시대!

부모 자격증이 필요한 시대!

 ## step64 내 얼굴, 키, 모습이 초라한 것이 아니라 내 생각이 초라한 것입니다

외부(외모, 이미지) 인테리어

내부(자자자자멘습긍) 인테리어

인생을 행복하게 해주는 것은

내부 인테리어입니다.

내부 인테리어에 집중하세요!

나다운 방탄멘탈 공식

외부(외모, 이미지) 인테리어가 중요할까요? 내부(자자자멘습궁) 인테리어가 중요할까요? 신은 마음을 보지만 사람은 외모를 보지요. SNS 발달로 일반인들도 외적인 눈높이가 높아지고, 외적인 것에 집중해야만 존중·인정·사랑 받는다고 자기도 모르게 세뇌를 당하고 있습니다. 외부 인테리어도 중요합니다. 하지만 과한 욕심을 내다 보니 돈도 많이 들어가고 내부 인테리어에 문제가 생기는 것입니다. 내부 인테리어에 집중하면 외부 인테리어에 크게 영향을 주지 않지만, 외부 인테리어에만 집중하면 내부 인테리어에 악영향을 미칩니다.

외부 인테리어를 과할 정도로 하는 사람들은 멘탈·자존감이 낮은 경우가 많습니다. 그런 사람들의 특징이 뭘까요? 존중·인정·사랑 받기 위해 외부를 화려하게 꾸미고 자신에게 주어진 타이틀이 마치 자신인 것마냥 타이틀에 목숨을 겁니다. 많은 타이틀을 가지고 있는데도 남들이 더 부러워할 만한 타이틀을 가지려고 욕심을 내니 안타까운 일입니다.

외부 인테리어를 아무리 잘해도 불이 나면(고난, 역경, 불행, 안 좋은 일, 시행착오) 한순간에 번져 인테리어 했던 것들이 모두 무용지물이 돼버립니다. 내부 인테리어(자자자멘습궁)에 신경 쓰면 불이 났을 때 골든타임을 넘기지 않고 빠르게 진화할 수 있습니다.

인생의 불은 피할 수 없습니다. 하지만 대비는 할 수 있고, 초기 진화를 빠르게 할 수도 있다는 것입니다. 외부 인테리어에 30% 신경을 썼다면, 70%는 내부 인테리어에 신경을 쓰세요.

내 얼굴이 초라한 것이 아닙니다.

내 키가 초라한 것이 아닙니다.

내 모습이 초라한 것이 아닙니다.

내 생각이 초라한 것입니다.

step 65 성형이 인생의 전부는 아닙니다. 인생 전부가 될 수 있는 자자자자멘습긍 성형 시작합니다

성형이 인생의 전부는 아닙니다.
인생 전부가 될 수 있는 자자자자멘습긍 성형 시작합니다

인생역전 비용			인생역전 비용	
........성형	....	원	자존감성형	원
........성형	....	원	자신감성형	원
........성형	....	원	자기관리성형	원
........성형	....	원	자기계발성형	원
........성형	....	원	멘탈성형	원
........성형	....	원	습관성형	원
........성형	....	원	긍정성형	원

세상에서 가장 좋은 성형 추천합니다.
자자자자멘습긍 성형!
자존감 성형, 자신감 성형, 자기관리 성형
자기계발 성형, 멘탈 성형, 습관 성형, 긍정 성형

나다운 방탄멘탈 공식

성형 중독에 걸렸습니다. 한 번이 두 번 되고, 두 번이 세 번 되고, 7번이나 성형을 했습니다. 성형은 바닷물과 같아서 먹으면 먹을수록 갈증이 납니다. 다른 성형을 다시 하고 싶습니다. 성형한 곳을 고백하겠습니다! 자자자자멘습긍 7가지 성형했습니다! 자존감 성형, 자신감 성형, 자기관리 성형, 자기계발 성형, 멘탈 성형, 습관 성형, 긍정 성형.
세상에서 가장 부작용 없는 성형입니다. 세상에서 가장 비용이 저렴한 성형입니다. 자자자자멘습긍 성형으로 삶이 달라질 것입니다! 특별혜택을 드립니다. 130년 A/S 해드립니다.
신설 성형과목 소개합니다. 강의 성형, 강사 성형, 강사의 모든 것 전신 성형. 대한민국 최초의 강사양성코칭 전문가가 직접 성형해 드립니다. 대한민국 최초의 방탄멘탈 성형 전문가! 지금 상담 받으세요.

성형이 인생의 전부는 아닙니다.

하지만 인생 전부가 될 수 있는

자자자자멘습긍 성형 시작합시다.

자존감 성형, 자신감 성형, 자기관리 성형

자기계발 성형, 멘탈 성형, 습관 성형, 긍정 성형

step 66 잘 사는 삶이란? 저 사람은 내가 좋은 사람이 되고 싶도록 만들어!

잘 사는 삶이란? 저 사람은 내가 좋은 사람이 되고 싶도록 만들어!

**최고야! 엄지를 많이 받기 위한 삶보다는
최고야! 엄지를 많이 들어주는 삶이 잘 사는 삶입니다!**

잘 사는 삶이란?

행복하게 사는 삶이란?

부족함을 인정하고 주어진 것에 감사하며
함께 잘되기 위해 사는 것.
나의 1%가 누군가에게는 100%가
될 수 있다는 마음으로 사는 것.

나다운 방탄멘탈 공식

잘 살고 싶다! 잘 살아야 하는데! 라는 생각 다들 하시죠?

잘 사는 삶이 뭘까요?

잘 사는 기준이 무엇인가를 먼저 알아야 합니다.

기준으로 모든 삶의 포커스가 맞춰집니다.

돈? 권력? 혼자 잘 먹고 잘사는 것? 현실이 말하는 것? 어떤 기준을 정하느냐에 따라 삶의 질이 달라집니다. 중요한 것은 그 기준이 언제든 바뀔 수가 있다는 것입니다.

사람, 환경, 책, 영상, 강의, 교육…… 기준을 만드는 여러 방법이 있지만 가장 쉬운 방법은 벤치마킹입니다. 최보규 방탄멘탈 전문가가 잘 사는 기준을 참고하셔서 나답게 만들어가세요! 나답게 사는 것이 가장 잘사는 기준입니다.

저를 기억하고 있는 사람들, 앞으로 저를 알게 될 사람들의 기억 속에서 '아! 이 사람 참 따뜻한 사람, 함께하고픈 사람, 함께 잘되기 위해 솔선수범하는 사람, 넉넉하지는 않지만 베푸는 사람, 선한 영향력으로 주위 사람들을 올바른 길로 이끄는 사람, 꾸준한 모습으로 진심이 느껴지는 사람, 친하게 지내고 싶은 사람, 배워서 남 주자 실천하기 위해 유튜브 〈나다운TV〉 하는 사람, 떠올리면 행복이 느껴지는 사람……', 이런 모습으로 기억되기 위해 오늘이 마지막 날인 것처럼 솔선수범하는 것이 저의 잘 사는 기준입니다.

느낌 오시죠? 지금 당신도 잘 살고 있는 겁니다. 단지 나다운 기준이 없고 현실 기준에 너무 맞추려다 보니 잘 살고 있지 않다고 느끼는 것뿐입니다. 더 늦기 전에 나다운 기준을 만들어보세요! 지금 주어진 환경에서 정성을 다해 배우고 익히며, 곁에 있는 사람들과 앞으로 만날 사람들에게 하나라도 도움을 주기 위해 힘쓰는 것이 나다운 기준 만들기의 시작입니다.

잘 사는 삶이란?
저 사람은
내가 좋은 사람이 되고 싶도록 만들어!

태양을 보고 사는 사람, 그림자를 보고 사는 사람

태양을 보고 사는 사람, 그림자를 보고 사는 사람

태양(무형: 자자자자멘습긍)

그림자(유형: 물질적인 것)

30% (유형) : 70% (무형) 태양과 가까울수록 그림자는 줄어들면서 가까워진다!

태양(자자자자멘습긍)과 가까워지면
그림자(물질적인 것)는 자연스럽게 다가오지만,
그림자에 집착해서 그림자만 보고 가면
태양과 멀어지고 그림자는 더 길어져 잡히지 않습니다.
사람은 태양이 없으면 살 수 없습니다.
자자자자멘습긍 관리 시작해야 됩니다.
인생의 고난·역경·불행으로 인한
멘탈, 자존감 붕괴를 막아줄
방탄멘탈이 되어줄 것입니다.

태양(자자자자멘습궁)은 한 번에 결과물이 나오지 않고 꾸준히 유지해야만 되는 것입니다. 그림자(물질적인 것)는 결과물이 바로 나오는 것입니다.

우리는 그림자가 아니라 태양(자자자자멘습궁)을 보고 가야 합니다. 태양과 가까워질수록 그림자는 따라옵니다. 그림자를 보고 가면 태양과 멀어지기 때문에 그림자는 더 길어지고 닿을 수 없게 되는 것입니다.

물질적인 것을 내려놓으라는 말이 아닙니다. 물질적인 것 당연히 필요합니다. 좋아는 하되 집착은 하지 말라는 것입니다. 좋아하는 건 언제든 자신의 의지로 멈출 수 있지만 집착하면 자신의 의지로 멈출 수 없습니다. 그래서 문제가 생기는 것입니다.

사람이 태양이 없으면 살지 못하듯 인생의 진리는 태양(자자자자멘습궁)에 있다는 것입니다. 태양을 보고 살면 고개를 들게 하고 삶을 밝게 합니다. 그림자(물질적인 것)를 보고 살면 고개를 숙이게 하고 삶을 어둡게 합니다. 모든 일이 비슷합니다. 어떤 일을 하든 인생의 기본은 자자자자멘습궁입니다. 모르는 사람은 없습니다. 단번에 결과물이 나오지 않기에 꾸준히 하지 않을 뿐입니다. 행복한 사람, 나다움을 찾은 사람들은 자자자자멘습궁을 꾸준히 관리해서 나다운 방탄멘탈을 만들어 세상, 현실, 주위 사람들로 인한 멘탈·자존감 붕괴를 막고 있는 것입니다.

태양(자자자자멘습긍)을 보고 살면

고개를 들게 하고 삶을 밝게 해줄 것입니다.

그림자(물질적인 것)를 보고 살면

고개를 숙이게 하고 삶을 어둡게 할 것입니다.

 동기부여는 말로 하는 것이 아니라
행동으로 꾸준히 보여주는 것

세상에서 가장 강력한 동기부여는

행동으로 보여주는 것입니다.

주둥이 동기부여는 강력하게

동기부여를 꺾는다는 것을 명심하세요!

나다운 방탄멘탈 공식

순간의 유혹들을 어떻게 절제하느냐에 따라 삶의 질이 달라지고, 순간의 인스턴트 음식을 어떻게 절제하느냐에 따라 건강의 질이 달라집니다.

인스턴트 음식을 안 먹을 수 있을까요? 인스턴트 환경 속에서 안 먹을 수는 없겠지만 절제하는 습관이 중요합니다. 평상시에 자주 먹었는데 그것이 안 좋다고 한순간에 안 먹는 사람은 거의 없을 것입니다. 세상에서 가장 뿌리치기 힘든 유혹? 음식입니다. 그리고 다이어트! 주위 사람에게 다이어트 왜 안 하냐고, 해야 하는 거 아니냐고 스트레스 주지 마세요. 사람들은 대부분 자신의 상태를 다 알고 있습니다.

그 사람이 걱정돼서라고요? 걱정인지 오지랖인지 잘 판단해야 합니다. 진짜 걱정이 된다면 스스로 꾸준히 솔선수범하는 모습을 보여줌으로써 '아~ 당신이 꾸준히 하는 걸 보고 이제는 해야겠다고 동기부여가 됐습니다. 도와주세요!' 했을 때 도와주세요. 걱정은 주둥이로만 하는 게 아니라 행동으로 보여주는 것입니다. 세상에서 가장 강력한 동기부여는 행동으로 보여주는 것입니다. 주둥이 동기부여는 강력하게 동기부여를 꺾는다는 것을 명심하세요!

인스턴트 강사 되지 말자.

인스턴트 인간관계 하지 말자.

인스턴트 친절 하지 말자.

인스턴트 서비스 하지 말자.

인스턴트 리더십 하지 말자.

step 69 인간에게 주어진 고난, 역경, 불행 할당량

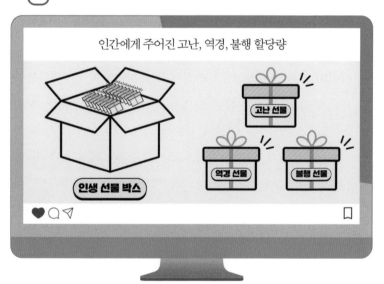

고난, 역경, 불행 할당량 100개가 있습니다.
고난, 역경, 불행이 닥쳤습니까?
이제 3개 겪었네? 언제 97개 겪나?
97개밖에 안 남았다! 잘 이겨내자!
당신의 선택은?

나다운 방탄멘탈 공식

실패한 것이 중요한 게 아닙니다. 실패를 대하는 태도가 중요합니다.

누군가는 실패를 낙오라고 받아들여 다시는 비슷한 것도 시도하지 않습니다. 누군가는 실패를 아픔이라고 받아들여 헤어나오지 못해 후퇴합니다.

누군가는 실패를 '나중에 겪을 것 미리 겪는 것뿐이다. 미래의 실패를 다 당겨 써버리자!' 라는 긍정적인 생각으로 받아들이고 다시 시도합니다. 또 누군가는 실패라는 단어는 세상이 만든 기준이니 그런 부정적인 단어는 기억에서 지우고 나답게 긍정의 단어로 바꿔서 '실패는 좋은 결과를 얻기 위한 작은 결과라 말하겠어! 내 인생에서 실패라는 단어는 이제부터 안 쓰겠어!' 하며 동기부여 합니다.

당신은 어떻게 받아들이고 있습니까?

살면서 안 좋은 일은 수도 없이 발생합니다. 그 일들을 막을 수는 없습니다. 예방은 어느 정도 할 수 있겠지만 예측불허라는 것입니다.

그렇다면 안 좋은 일이 발생했을 때 부정의 마음이 드는 것을 어떻게 하면 긍정의 태도로 바꿀 것인가? 그 태도에 집중해서 연습하고 훈련해야 또다시 고난, 역경, 불행이 닥치더라도 긍정의 태도로 아무 탈 없이 이겨낼 수 있는 것입니다.

어떻게 하면 부정을 긍정으로 해석할 수 있는 태도를 만들 수 있을까요? 긍정의 의문점으로 자신의 긍정근육을 키워놓아야 합니다. 누구나 인생의 고난, 역경, 불행 할당량이 있습니다. 그것도 내 삶의 일부분이요 누구 때문이 아닙니다. '더 큰 일 안 겪길 다행이다. 그럴 수도 있지! 다시 해보자!' 라는 마음으로 고난, 역경, 불행을 잘 극복합시다!

고난이 찾아왔습니까?
역경이 찾아왔습니까?
불행이 찾아왔습니까?
행복, 즐거움, 설렘만 손님이 아닙니다.
고난, 역경, 불행도 손님입니다.
방탄멘탈(자자자자멘습긍)로 손님대접 잘 해서 보냅시다.

 **step 70** 수고했습니다! 고생했습니다! 욕봤습니다!
나의 수고가 자신만을 위한 것입니까,
함께를 위한 것입니까?

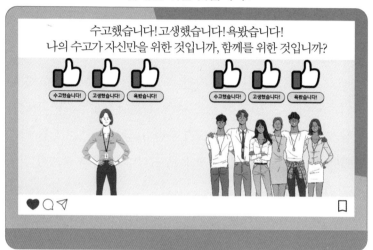

 수고했습니다! 고생했습니다! 욕봤습니다!
나의 수고가 자신만을 위한 것입니까,
함께를 위한 것입니까?
자신만을 위한 것은 기쁨의 유통기한이 짧고,
함께를 위한 것은 기쁨의 유통기한이 오래갑니다.

나다운 방탄멘탈 공식

수고했습니다! 고생했습니다! 욕봤습니다!

오늘 하루도 수고했던 게 혼자만 잘되기 위한 수고였나요, 함께 잘되기 위한 수고였나요? 오늘 하루 고생했던 게 혼자만 잘되기 위한 고생이었나요, 함께 잘되기 위한 고생이었나요? 오늘 하루 욕봤던 게 혼자만 잘되기 위해 욕본 거였나요, 함께 잘되기 위해 욕본 거였나요?

우리는 삶의 질이 높아지고 나아지기를 바라고 행동합니다. 하지만 나이를 먹으면 먹을수록 경제적으로는 안정되더라도 삶의 질이 그렇게 나아지지 않습니다.

그 이유가 무엇일까요? 물질적인 것이 많다고 삶의 질이 올라가지는 않습니다. 왜냐고요? 삶의 질은 물질적인 것이 30%, '이것'이 70%를 결정하기 때문입니다. '이것'은 함께 잘되기 위한 마음입니다.

자신이 하는 일에 혼자 잘되기 위함이 많으면 삶의 질이 높아지지 않습니다. 내가 하는 행동들이 함께 잘되고 도움이 되었으면 하는 마음으로 꾸준히 해나갈 때 삶의 질이 그 무엇보다 빠르게 높아집니다.

나의 수고로 함께 잘될 것입니다. 나의 고생으로 함께 잘될 것입니다. 나의 노력으로 함께 잘될 것입니다.

그 믿음이 있기에 힘들지만 오늘도 나의 수고, 고생, 노력의 씨앗을 뿌립니다. 내가 뿌리는 긍정 씨앗들이 나를 아는 사람들의 멘탈·자존감을 튼튼히 자라게 할 거라 믿기에 오늘도 잠자는 시간까지 빛의 속도로 뿌리겠습니다.

행복한 사람들의 특징!
무엇을 하더라도 함께를 생각합니다.
불행한 사람들의 특징!
무엇을 하더라도 자신만 생각합니다.

누군가는 좋은 사람 한 명 만나는 것이
편한 사람 한 명 만나는 것이 행복한 삶이라고 합니다.
누군가는 좋은 사람 되어주는 것이
편한 사람 되어주는 것이 행복한 삶이라고 합니다.
무엇이 빠를까요? 시작하세요!

왕관을 쓰려는 자 그 무게를 견뎌라?
SNS, 유튜브, 인기를 얻으려는 자?
악성 댓글로 인한 멘탈, 자존감 붕괴를 견뎌라!

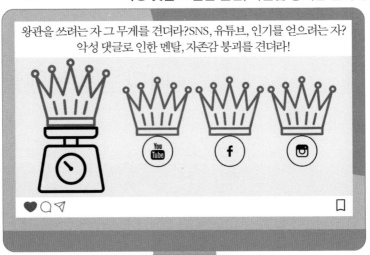

왕관을 쓰려는 자 그 무게를 견뎌라?SNS, 유튜브, 인기를 얻으려는 자?
악성 댓글로 인한 멘탈, 자존감 붕괴를 견뎌라!

왕관을 쓰려는 자 그 무게를 견뎌라?

SNS를 하려는 자? 유튜브를 하려는 자?

연예인이 되려는 자? 인기를 얻으려는 자?

악성 댓글로 인한 멘탈, 자존감 붕괴를 견뎌라!

악성 댓글에서 그 누구도 자유로울 수 없습니다.

방탄멘탈은 선택이 아닌 필수입니다.

나다운 방탄멘탈 공식

1단계 순두부멘탈, 2단계 실버멘탈, 3단계 골드멘탈, 4단계 에메랄드멘탈, 5단계 다이아몬드멘탈, 6단계 블루다이아몬드멘탈을 학습하면서 멘탈이 단단해지고 있습니까? 업데이트되고 있나요?

이 책은 방탄멘탈 사용설명서입니다. 사용설명서라는 것이 뭐죠? 아무리 좋은 사용설명서가 있더라도 자신이 행동하지 않으면 쓰레기일 뿐입니다. 방탄멘탈 사용설명서를 가지고 어떻게 생활 속에서 접목할 것인가? 자신에게 달렸다는 것입니다.

7단계 나다운 방탄멘탈 업데이트 시작합니다.

왕관을 쓰려는 자 무게를 견뎌라? 지금 시대에는 각자 위치의 무게보다 더 감수해야 할 것이 있습니다.

SNS를 하려는 자, 악성 댓글로 인한 멘탈·자존감 붕괴를 견뎌라!

유튜브를 하려는 자, 악성 댓글로 인한 멘탈·자존감 붕괴를 견뎌라!

연예인을 하려는 자, 악성 댓글로 인한 멘탈·자존감 붕괴를 견뎌라!

인기를 얻으려는 자, 악성 댓글로 인한 멘탈·자존감 붕괴를 견뎌라!

한마디로 SNS 시대에서는 그 누구도 악성 댓글로부터 자유롭지 못하다는 것입니다. 시간이 지날수록 더 심해질 것입니다. 환경에 맞춰 변해야 합니다. 지금 시대에는 강한 사람, 우수한 사람이 살아남는 것이 아니라 환경에 맞게 일반멘탈이 아닌 방탄멘탈로 업그레이드하여 변화하는 사람만이 나다운 삶을 만들어갈 수 있습니다.

예전에도 중요한 것이 멘탈·자존감이었지만 지금은 더 중요한 시대가 되었습니다. SNS 시대, 뭘 해도 욕먹는 시대입니다. '좋아요' 많이 받고 싶으세요? '싫어요' 10배 이상 받을 거라는 것을 감수하세요! 인정받고 싶으세요? 인정받지 못하는 아픔을 10배 이상 감수하세요! 사랑받고 싶으세요? 사랑받지 못하는 아픔을 10배 이상 감수하세요! 존중받고 싶으세요? 존중받지 못하는 아픔을 10배 이상 감수하세요! 제가 악담 드리는 것이 아니라 이것이 SNS 시대의 흐름이라는 것입니다.

사람의 멘탈·자존감을 수시로 붕괴시키는 SNS 시대에서 자신을 지킬 수 있는 방탄멘탈은 이제 선택이 아닌 필수입니다

SNS 시대에서 자신의 멘탈·자존감을
도둑맞지 않기 위한 생활 습관을 만들어야 합니다.
멘탈·자존감 도둑들 차단 들어가세요!
SNS 인맥 다이어트 하세요!
자신이 인맥 다이어트 대상은 아닌가요?

 **step 72** 즐거운 인생,
행복한 인생을 살기 위한 가장 빠른 방법?

즐거운 인생, 행복한 인생을 살기 위한 가장 빠른 방법?

기억되고
싶은 사람으로
지금부터 사는 게
세상에서
가장 행복한
사람으로
사는 것입니다.

왔니?
고맙다.
사랑한다.
행복해라.
아빠 엄마가

즐거운 인생, 행복한 인생을 살기 위한
가장 빠른 방법은?
당신이 숨을 거두는 마지막 날,
어떤 사람으로 기억되길 바라나요?
기억되고 싶은 사람으로 지금부터 사는 게
세상에서 가장 행복한 사람으로 사는 것입니다.

나다운 방탄멘탈 공식

호랑이는 죽어서 가죽을 남겨 사람에게 필요한 것을 주었습니다. 어떤 사람은 죽어서 이름을 남겨 그 사람의 업적으로 많은 걸 변화시켰습니다. 아인슈타인은 상대성이론을 남겨 후대의 인류가 블랙홀 사진을 찍을 수 있는 동기를 부여해줬습니다. 최보규 방탄멘탈 전문가는 사후에 전신 장기기증으로 150명에게 새로운 삶을 줄 수 있습니다. 당신은? 무엇을 남길 것인가요?

내가 죽으면 소용없는데 남겨서 뭐 하느냐고요? 얼마나 생각 없는 질문인가요? 제발 초등학생 마인드로 살지 마세요! 자신의 나이에 맞게 생각을 업데이트 하십시오. 찔림이 있다면 배울 기회가 왔다는 신호입니다! 이번에 제대로 배우십시오.

자신을 알고 있는 사람들이 자신을 어떤 사람으로 기억하길 바라는가? 이 질문을 마지막 날까지 가슴에 품고 산다면 삶의 질이 달라질 것입니다. 사람은 사라져도 그 사람의 삶의 향기는 남습니다. 육체만 사라지는 것이고 남아 있는 사람들의 기억 속에서 다시 살아가는 것입니다. 자신을 알고 있는 소중한 사람들의 삶에 긍정의 영향으로 남든지 부정의 영향으로 남는다는 것입니다.

그래서 사람들에게 이렇게 기억되었으면 좋겠다 하고 바라는 게 있다면, 지금부터 그런 삶을 살기 위해 행동하십시오. 그것이 자신이 누릴 수 있는 최고의 행복이고 삶의 질을 높이는 유일한 방법입니다.

행복도 스펙입니다. 흔하게 느낄 수 있지만 훈련하지 않으면 오래 지속되지 않습니다. 행복 유통기한을 늘리고 싶다면 훈련을 통해 행복 공부를 해야 되고, 내가 원하는 사람으로 기억되기 위해 지금부터 어떤 삶을 살아가야 하는가도 공부해야 합니다!

즐거운 인생, 행복한 인생, 자신이 바라는 인생을 살 수 있는 유일한 방법은? 훗날 기억되고 싶은 사람으로 지금부터 살면 되는 것입니다! 당신은 어떤 사람으로 기억되고 싶은가요? 이것에 답할 수 있고, 즉시 행동한다면 당신은 그 어떤 사람도 부럽지 않게 될 것입니다.

호랑이는 죽어서 가죽을 남깁니다.
사람은 죽어서 이름을 남깁니다.
아인슈타인은 죽어서
블랙홀 사진을 찍을 수 있는 동기부여를 남겼고,
최보규 방탄멘탈 전문가는 사후에 전신기증으로
150명에게 새로운 삶을 줄 수 있는 가능성을 남겼습니다.
당신은 무엇을 남길 것인가요?

 **step 73** 좋은 사람은 세상에 없습니다.
좋은 사람을 찾지 마세요

 좋은 사람은 세상에 없습니다.

좋은 사람을 찾지 마세요.

좋은 사람이 되어주는 것만 있습니다.

인간관계를 잘하는 방법은

좋은 사람 되어주자는 마음으로

먼저 다가가는 것입니다.

나다운 방탄멘탈 공식

만났을 때 편안한 사람은 좋은 사람입니다. 가장 좋은 사람은? 그 사람을 생각했을 때 미소가 지어지고 보고 싶을 정도로 생각 나게 하는 사람입니다. 만났을 때 불편한 사람은 멀리하고 싶은 사람입니다. 가장 안 좋은 사람은? 그 사람을 생각하지도 않았는데 갑자기 생각 들게 해서 짜증나게 하는 사람입니다.

사람이 언제 죽는지 아세요? 생물학적으로 죽는 걸 떠나서 사람 기억 속에서 잊혀질 때, 안 좋은 기억으로 오래 남아 있을 때입니다. 이것은 죽은 인간관계입니다.

가슴에 손을 대고 찬찬히 생각해봅시다. 나라는 사람은 지금까지 만났던 나를 알고 있는 사람들의 기억 속에 어떤 사람으로 기억되어 있습니까? 그 사람 뇌에 좋은 입주자입니까, 나쁜 입주자입니까? 오래도록 미소를 짓게 하는 사람으로 입주할 것인가, 오래도록 짜증을 유발하는 사람으로 입주할 것인가는 지금부터 당신이 어떤 말투, 행동을 보여주느냐에 달렸습니다.

눈앞에 안 보인다고 만남이 끝나는 것이 아닙니다. 특히 요즘 같은 시대에는 SNS 속에서 더욱더 만남이 연결되고 지속되기에 끝이 없다는 것입니다. 생각만 해도 기분 좋아지는 사람, 보고 싶은 사람이 있나요? 그 사람을 닮아가려고 꾸준히 실천하세요. 자신도 누군가의 기억 속에 그런 사람처럼 미소 짓게 하는 사람이 되어 행복해질 것입니다.

행복해지는 거 참 쉽죠? 좋은 사람 되어주는 거 참 쉽죠?

생각하면 기분 좋아지는 사람!
갑자기 생각나서 보고 싶은 사람!
생각하면 미소가 지어지는 사람!
함께 잘되기 위해 힘쓰는 사람!
닮아가고 싶은 사람!
명품 가방에 욕심내지 말고 명품 차에 욕심내지 말고
자신의 소중한 사람들에게
그런 사람 되어주기 위해 욕심냅시다.

step 74 잘 사는 삶이란 없습니다!
잘 살아가기 위한 삶만 있을 뿐입니다!

잘 사는 삶이란 없습니다! 잘 살아가기 위한 삶만 있을 뿐입니다!

YouTube

유튜브 100만 구독

월세 1억 건물주

어제보다 나은 내가 되자

꾸준히 안 해도 됩니다. 성실하지 않아도 됩니다.

변화하지 않아도 됩니다. 감사하지 않아도 됩니다.

책 보지 않아도 됩니다.

어제보다 나은 내가 안 되어도 됩니다.

이 말이 위안이 되면 당신은

인생을 잘 못 살고 있는 것이고

이 말에 찔림이 있다면 잘 살아가고 싶은 사람입니다.

나다운 방탄멘탈 공식

꾸준히 안 해도 됩니다. 성실하지 않아도 됩니다. 변화하지 않아도 됩니다. 감사하지 않아도 됩니다. 책 보지 않아도 됩니다. 어제보다 나은 내가 안 되어도 됩니다. 다 하지 않아도 되니 좀 마음이 가벼워지셨나요? 편해진 것 같나요? 스트레스 덜 받을 것 같나요? 아마 아닐 겁니다. 걱정이 안 되는 것이 아닌 더 걱정되고, 고민되고, 불안한 마음이 들 것입니다.

한방은 없습니다. 감사함, 성실함, 꾸준함, 변화, 성장이 없는 한방은 가짜 한방입니다. 성공으로 가는 길에 꼭 필요한 것들이 아닌, 나란 사람의 존재 이유를 알아가는 것들이기 때문에 막상 하지 말라고 해도 안 하면 안 될 것 같은 마음이 생깁니다. 우리는 그것이 나의 가치를 높여주는 꼭 필요한 것들이라는 것을 알고 있습니다. 필수는 아니지만 선택하는 것이기에 오늘도 선택한 것들에 집중해서 오늘의 나를 만들어 갑시다.

내일의 내가 오늘의 나를 봤을 때 토닥토닥! 지금 잘하고 있는 거 알지? 할 수 있도록 오늘도 감사하며 시작하겠습니다. 잘 사는 삶이란 없습니다! 잘 살아가기 위한 삶만 있을 뿐입니다!

잘 사는 삶이란?

인기 있는 삶? 성공한 삶? 유튜브 100만 구독자?

한 달에 10억 버는 삶? 건물주?

숨을 거두는 날까지 잘 사는 삶이란 없습니다.

잘 살아가는 삶만 있습니다. 세상의 기준에 맞추지 마십시오.

나다운 기준이 잘 사는 삶입니다.

 **step 75** 달은 태양 빛을 반사시켜 빛을 냅니다.
사람은 언제 가장 빛나는지 아세요?

달은 태양 빛을 반사시켜 빛을 냅니다.
사람은 언제 가장 빛나는지 아세요?

함께 하는 사람들을 빛나게 해줄 때
밤에 태양 빛이 반사되어 달이 가장 빛나듯
자신도 가장 빛나는 것입니다.

달은 태양 빛을 반사해 빛을 냅니다.
사람은 언제 가장 빛이 나는지 아세요?

함께 잘되려는 마음으로 대가 없이
사소한 것이라도 꾸준히 선행했을 때입니다
혼자 빛나려고 하면 그 빛은 밝지 않습니다.
함께하는 사람들을 빛나게 해줄 때
밤에 태양 빛이 반사되어 달이 가장 빛나듯
자신도 가장 빛나는 것입니다.

나다운 방탄멘탈 공식

거울을 보면 그대로 반사가 됩니다. 눈에 보이는 것도 반사가 되지만 자세히 보면 감정까지 반사가 됩니다. 우리는 알게 모르게 많은 것을 반사시킵니다. 표정, 말투, 눈빛, 행동, 마음의 감정……. 긍정의 감정을 반사하는 사람이 있는가 하면 부정의 감정을 반사하는 사람이 있습니다. 열정의 감정을 반사하는 사람이 있는가 하면 불만의 감정을 반사하는 사람이 있습니다. 비난, 비판의 감정을 반사하는 사람도 있습니다. 당신은 오늘 어떤 감정을 반사시키고 있나요?

감정도 전염이 됩니다! 긍정보다는 부정의 감정이 10배는 빨리 전염됩니다. 지금 시대는 긍정보다는 부정의 감정이 많이 노출돼 있습니다. SNS에서만 보더라도 '좋아요'는 누르지만 한편으로는 비교, 시기, 질투의 감정이 더 쌓인다는 연구 결과가 있습니다.

지금 시대 안 좋은 감정들이 반사되는 것을 막을 수는 없기에 부정으로 반사되는 것을 어떻게 긍정의 반사로 돌릴 것인가에 집중해야 합니다. 긍정을 반사시키는 사람을 자주 만나려 하세요. 긍정을 반사시키는 환경에 자주 가세요. 긍정을 반사시키는 매개체를 만드세요. 이것을 꾸준히 하다 보면 어느덧 태양이 스스로 타오르듯 스스로 긍정을 반사시키는 사람이 되어, 만나는 사람들에게 긍정 반사를 통해 많은 변화를 줄 것입니다.

달은 태양빛을 반사시켜 빛을 냅니다. 사람은 언제 가장 빛이 나는지 아세요? 함께 잘되려는 마음으로 대가를 바라지 않고 사소한 것이라도 꾸준히 선행했을 때, 사람들의 긍정 입소문을 통해 우주에서 가장 빛나는 사람이 되는 것입니다.

빛나려 애쓰면 애쓸수록 그 빛은 더 나지 않습니다. 빛나려고 애쓰지 않고 주위 사람들을 빛나게 해줄 때 그 사람들 빛에 반사되어 더 빛나는 사람이 될 것입니다.

자신이 빛이 나고 잘 되는 방법?
빛나려 하지 마세요!
함께하는 사람을 빛나게 해주세요.
잘 되려 하지 마세요!
함께하는 사람들을 잘 되게 해주세요.

편한 사람은 지구에 없습니다.
좋은 사람은 지구에 없습니다

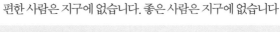
편한 사람은 지구에 없습니다. 좋은 사람은 지구에 없습니다

지구에서 편한 사람, 좋은 사람
찾는 게 빠를까요?
지구에서 편한 사람, 좋은 사람
되어주는 게 빠를까요?

편한 사람은 지구에 없습니다.
좋은 사람은 지구에 없습니다.
자신이 편한 사람, 좋은 사람이 되어주지 않으면
지구에는 그런 사람은 없습니다.

나다운 방탄멘탈 공식

이것도 배달 되게 해주세요~~~ 제발!

우리는 지금 배달 안 되는 것이 없는 배달 천국에 살고 있습니다.

몸이 편해지면 마음마저 편해지고 삶의 질도 높아지면 얼마나 좋을까요?

우리는 그렇게 바라지만 인생은 그렇게 공식처럼 답이 나오지 않습니다. 몸은 편하지만 마음이 불편하고 삶의 질도 불편해지는 상황이 생깁니다. 마음은 편하지만 몸이 불편하고 삶의 질도 불편해지는 상황이 생깁니다.

삶이 편해지면 몸, 마음마저 편해져야 하는데 또 다른 것이 불편해지는 상황들. 이게 무엇을 의미할까요? 편할 생각을 버리라는 것입니다. 삶은 불편함의 연속이고 그 불편함 속에서 편함을 만들어가야 된다는 것입니다.

인간관계를 맺다 보면 편한 사람보다 불편한 사람들이 개미 수만큼 있습니다. 마음 같아서는 배달 앱으로 주문하고 싶을 것입니다. 편한 사람 한 명 배달해주세요! 내 편 되어주는 사람 세 명 배달해주세요! 내 말 들어주는 사람 오전에 한 명 오후에 한 명 배달해주세요! 나를 짜증나게 하는 그 또라이 욕해줄 사람 123만 명 배달해주세요!

편한 사람을 어떻게 만들어가야 할까요? 자신이 먼저 사람들에게 편한 사람인지 불편한 사람인지 살펴보세요. 편한 사람이 먼저 되어주면 편한 사람을 언젠가는 만날 것입니다. 그 편한 사람이 오래도록 평생지기처럼 갈 것입니다. 단, 이것만은 명심하세요. 그 평생지기를 만나기까지 대가를 지불해야 하는 것입니다.

대가 지불이란 시간의 흐름 속에서 개미 수만큼 불편한 사람들로 인해 삶이 불편해질 거라는 것을 감수하는 것을 말합니다. 인생의 법칙입니다. 언제 만나느냐가 중요한 것이 아닙니다. 자신이 편한 사람이 먼저 되어준다면 100살에 만나더라도 행복할 것입니다. 삶의 행복은 사람에게서 시작하고 삶의 불행도 사람에게서 시작합니다. 모든 것이 사람과 연결돼 있다는 것입니다.

좋은 사람 찾기보다 좋은 사람이 되어줄게요. 편한 사람 찾기보다 편한 사람이 되어줄게요. 내 편을 찾기보다 편이 되어줄게요. 그런 사람 되어준다는 것이 힘들지만 지금 소중한 사람들에게 가장 큰 기쁨을 주는 것이 그런 사람 되어주는 것을 알기에, 당신들이 한번 웃을 수 있다면 그 힘듦 감수하며 그런 사람 되어 드리겠습니다. 제 옆에 있어줘서 고맙습니다! 시작하겠습니다! 어제보다 나은 내가 되어 드리겠습니다.

누군가는 좋은 사람 한 명 만나는 것이
편한 사람 한 명 만나는 것이 행복한 삶이라고 합니다.
누군가는 좋은 사람 되어주는 것이
편한 사람 되어주는 것이 행복한 삶이라고 합니다.
무엇이 빠를까요? 시작하세요!

 **step 77** 당신은 어른 꼬마? 어른 청소년?
어른다운 어른?

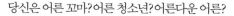

당신은 어른 꼬마? 어른 청소년? 어른다운 어른?

정신까지 어른이 되는
때는 함께 잘 되기 위한
마음이 클 때
자신보다 어려운 사람을
먼저 생각할 때
어른다운 어른이 됩니다.

사람이 언제 어른이 될까요?

나이를 먹으면? 그건 나이만 어른이지

정신까지 어른이 아닙니다.

정신까지 어른이 되는 때는

함께 잘되기 위한 마음이 클 때

자신보다 어려운 사람을 먼저 생각할 때

어른다운 어른이 되는 것입니다.

나다운 방탄멘탈 공식

사람 중 가장 경계해야 할 사람? 사람 중 가장 먼저 인연을 끊어야 할 사람? 사람들이 가장 싫어하는 사람?

거짓말하는 사람, 뒷담화 하는 사람, 이간질하는 사람일 것입니다. 거짓말, 뒷담화, 이간질할 수 있습니다! 엥? 무슨 소리냐고요? 솔직히 누구나 한 번씩은 하는 거 아닌가요? 이 세 가지, 그 누가 안 하고 살겠습니까? 단, 얄미워서 한번 말하고 끝나는 경우인가 아니면 자기편으로 만들고 자신의 이득을 추구하기 위해 만나는 사람마다 계속하는가에 달렸다는 것입니다.

아이러니한 게 무언지 아세요? 거짓말, 뒷담화, 이간질 잘하는 사람들도 그런 사람을 싫어한다는 것입니다. 양심이 있으면 싫어하지 마시고 끼리끼리 좋아하세요. 좋은 사람 스트레스 주지 마시고 끼리끼리 노세요! 부탁합니다.

그들이 가장 착각하는 것이 있습니다. 자신이 거짓말, 뒷담화, 이간질하고 다니는지 사람들이 모를 거라는, 세상 가장 멍청한 생각을 한다는 것입니다. 너무 안타깝습니다. 사람들이 모를 거라고 생각하는 자체가 꼬마 마인드입니다.

나이를 먹으면 나잇값을 하고 밥값을 해야 하는 것이 사람의 도리입니다. 시간의 흐름 속에서 나이만 먹는 사람들은 어른다운 말과 행동이 아닌 어른인 척하는 말과 행동을 많이 하다 보니 같은 어른이지만 고개를 못 들 정도로 부끄럽게 합니다. 아이는 아이다워야 하고 청소년은 청소년다워야 하며 어른은 어른다워야 합니다.

어른다워야 한다는 것이 어떤 행동을 할 때일까요? 당신은 알고 있습니다. 단지 꾸준히 하고 있지 않을 뿐입니다. 게으른 것뿐입니다. 우리는 어른 아이인가요? 어른 꼬마인가요? 어른 청소년인가요? 어른다운 어른인가요? 어른은 누구나 됩니다. 어른다운 어른은 시간이 흐른다고 되는 게 아닙니다. 어른 아이, 어른 꼬마, 어른 청소년, 어른다운 어른을 결정짓는 것은 학습, 연습입니다. 어른다움도 실력입니다.

오늘 나를 뒷담화 하는 사람이 있다는 것을
알게 되었습니다! 그러려니 합니다! 왜?
나를 아는 사람은 그 소문이 가짜라는 것을
알 거라는 믿음이 있기에.
살아온 삶이 감사합니다.

아픔, 고난, 역경, 불행이 똑똑똑!
문을 두드립니다. 왜 찾아왔냐고 물어보니
당신이 불렀다고 하네요!

step 78

아픔, 고난, 역경, 불행이
똑똑똑! 문을 두드립니다.
왜 찾아왔냐고 물어보니
당신이 불렀다고 하네요!
행복, 즐거움, 설렘도 내가 부르고
아픔, 고난, 역경, 불행도 내가 부른다는 것을
알고 감사합시다.
다 자신에게 필요해서 오는 것입니다.
자연의 이치입니다. 그것이 인생입니다.

성은 아, 이름은 픔이라는 이름을 가진 사람이 찾아왔습니다. 왜 왔냐고 물어보니 당신이 불러서 왔다고 하네요! 성은 고, 이름은 난이라는 이름을 가진 사람이 찾아왔습니다. 왜 왔냐고 물어보니 당신 인생 할당량이라 왔다고 하네요! 성은 불, 이름은 행이라는 이름을 가진 사람이 찾아왔습니다. 왜 왔냐고 물어보니 당신이 불러서 왔다고 하네요. 세상 탓, 남 탓, 부정적인 말과 생각들이 자신을 부르는 신호라고 하네요.

셋의 공통점이 무엇일까요? 자신이 안 부르고 싶은데도 찾아온다는 것입니다. 못 오게 할 수는 없습니다. 공과금을 안 내고 싶어도 쓰다 보면 계속 내야 하듯, 인생을 쓰다 보면 의무적으로 주기적으로 찾아온다는 것입니다. 인생의 공과금이라고 생각해야 합니다.

인생 공과금? 아픔, 고난, 불만, 역경, 실패, 좌절, 배신, 겪고 싶지 않은 상황들……. 느낌 오시죠? 공과금을 의무적으로 내듯 인생 공과금도 당연하게 받아들여야 그 상황들을 잘 헤쳐 나갈 수 있습니다. 지금 아픔, 고난, 불만, 역경, 실패, 좌절, 배신, 겪고 싶지 않은 상황들이 찾아왔습니까? 인생 공과금이 나왔군요! 기간 안에 평상시 충전해놓은 자자자자멘습긍 보조배터리로 충전하지 못하면 기간이 늘어나고 연체료가 붙습니다.

인생 공과금 연체료? 10배가 붙는다는 것을 명심하세요! 그래서 평상시 인생 공과금이 나오기 전에 자자자자멘습긍 보조배터리 충전을 꾸준히 해놔야 한다는 것입니다. 유튜브 〈나다운TV〉 채널을 보시면서 보조배터리를 업데이트하세요! 자자자자멘습긍 업데이트를 꾸준히 안 하면 악성 바이러스(우울증, 슬럼프, 권태기, 외로움)에 걸립니다.

인생에 필요 없는 것?
아픔, 고난, 불만, 역경, 실패, 좌절, 배신?
인생에 필요 없는 것이 있어야
행복, 즐거움, 설렘, 기쁨, 성공, 희망도
있는 것입니다. 다 감사합시다!

 **step 79** 나직성자체를 내세우면 불행해지고
내려놓으면 행복해진다

나직성자체를 내세우면 불행해지고 내려놓으면 행복해진다

> 나이, 직급, 성별
> 자존심, 체면을
> 내세우면 못 지키고
> 내세우지 않으면
> 지킬 수 있습니다.

나직성자체
(나이, 직급, 성별, 자존심, 체면)
5가지를 내세우면 내세울수록 불행해지고
내려놓으면 내려놓을수록 행복해집니다.
힘들게 들고 있지 마세요!
그 무거운 걸 계속 들고 인생길 갈 겁니까?

나다운 방탄멘탈 공식

사람은 나직성자체(나이, 직급, 성별, 자존심, 체면)로 살아갑니다. 이 5가지는 자신의 존재를 나타내주는 가장 중요한 것이지만 조절을 어떻게 하느냐에 따라 가장 불행하게 되기도 하고 가장 행복하게 되기도 합니다.

어떻게 조절하는가? 나직성자체를 내세우면 내세울수록 불행해지고 내려놓으면 내려놓을수록 행복해집니다.

사람이 가장 스트레스를 많이 받을 때가 자신을 존중해주지 않고 무시한다고 느낄 때입니다. 이 5가지 중 하나라도 무시당한다 생각하면 발끈하게 되는 것입니다. 이 5가지가 자신에게는 가장 중요하기 때문에 평상시 가장 먼저 내려놓는 법을 배우고 연습해야 사람 관계 속에서 스트레스를 관리할 수 있습니다. 스트레스의 80%는 사람 관계 속에서 발생한다는 것을 누구나 알고 있습니다.

어떻게 나직성자체 5가지를 잘 내려놓을 수 있을까요? 제가 하는 방법을 알려드리겠습니다. 벤치마킹해서 나답게 만들어 가세요!

- 나이: 나잇값을 해야 내려놓는 것입니다. 그 나이에 맞게 모범을 보이기 위해 솔선수범합니다.
- 직급: 자신에게 주어진 타이틀에 맞는 사람이 되기 위해 행동

하는 것입니다. 제가 방탄멘탈 전문가라는 타이틀을 쓰고 있기에, 세상에서 방탄멘탈을 가장 잘하는 사람이라는 것을 보여주기 위해 〈방탄멘탈 습관 122가지〉를 12년 동안 실천하고 있습니다. (〈방탄멘탈 습관 122가지〉는 뒤에서 참고하세요.)

• 성별: 저는 남자입니다. 강한 자에게는 비굴하지 말고 약한 자에게는 세상 그 누구보다 관대하려 합니다. 남자이기 때문에 살기 힘든 것을 먼저 생각하지 않고 남자이기 때문에 감사합니다.

• 자존심, 체면: 아침에 나올 때 신발장에 넣고 나옵니다. 살면서 자존심, 체면 부릴 때보다 자존심, 체면 내려놓을 때가 더 많다는 것을 인정합니다.

자, 이제 저를 벤치마킹해서 나직성자체 5가지를 나답게 잘 내려놓기 위해 시작하세요!

나직성자체(나이, 직급, 성별, 자존심, 체면)를
내세우지 않으면 나다운 삶을 살 수 있고
나직성자체(나이, 직급, 성별, 자존심, 체면)를
내세울수록 나다운 삶을 살지 못합니다.

 step**80** 아무나 사랑받지 못한다.
사랑받는 것도 스펙이 되어버린 시대!

 당신은 사랑받기 위해 태어난 사람?

하지만 지금 시대에는 사랑받을 행동을 해야

사랑을 받는다는 것을 명심하세요!

사랑받는 말투, 표정, 행동을 먼저 보여주세요.

사랑받는 말투, 표정, 행동이란?

당신은 알고 있습니다.

단지 게을러서 안 할 뿐입니다.

나다운 방탄멘탈 공식

당신은 사랑받기 위해 태어난 사람? 맞는 말인데 지금 현실은 사랑받는 것도 자격이 필요한 시대입니다! 점점 사랑받는 것도 조건이 붙고 자격이 필요하다는 흐름으로 가고 있습니다. 한마디로 사랑받기 위한 행동을 해야 사랑받는다는 것입니다. 다만 그 행동의 기준이 세상, 현실, 대중의 기준이 아닌 나다운 기준이 되어야 합니다.

현실 속 사랑받는 기준? 화려하고 보기 좋아 보이는 것들을 원합니다. 나다운 기준? 나다운 인간관계의 기준을 만들어가야 사랑을 많이 받지 못하더라도 지치지 않고 오래갈 수 있습니다. 새우깡, 초코파이, 자갈치, 죠리퐁, 양파링…… 오래 사랑받은 이유가 있습니다. 우리가 가지고 있는 물건들 중에도 많습니다. 세월이 지나도 버리지 못하고 애지중지 사랑을 주면서 가지고 있는 것들도 있습니다.

자신을 한번 보세요. 사랑받고 싶은 건 누구나 같지만 사랑받을 행동, 자격을 갖추기 위한 변화, 배움, 성장을 하는 사람인가? 아무 행동 없이 부모가 자녀에게 맹목적 사랑을 주는 것처럼 기다리기만 하는 사람인가?

사람들에게 사랑받고 싶으세요?

자녀에게 사랑받고 싶으세요?

부모에게 사랑받고 싶으세요?

직장에서 사랑받고 싶으세요?

리더에게 사랑받고 싶으세요? 그런데 말입니다?

왜 말투가 부정적이세요?

왜 친절하지 못하세요?

왜 게으르세요?

왜 자자자자멘습긍 관리 안 하세요?

왜 사랑받고 싶다고 그렇게 말을 하면서 사랑받을 만한 사람이 되려고 안 하세요? 당신은 사랑받을 자격이 충분합니다. 단지 사랑받고 싶은 마음만 있지 행동을 안 할 뿐입니다. 사랑받을 만한 행동을 꾸준히 하십시오. 사랑받는 것도 자격이 필요한 시대입니다. 그 자격이 세상 기준이 아닌 나다운 기준을 만들어가야 오래 사랑받을 수 있습니다.

당신은 사랑받기 위해 태어난 사람!
당신은 사랑받을 자격이 충분합니다.
자격은 되지만 행동을 안 하면
미움의 자격이 된다는 것을 명심하세요!

 **step 81** 좋은 사람, 최고의 사람, 믿는 사람보다
더 중요한 사람? 지금 필요한 사람입니다!

 좋은 사람보다 최고의 사람보다
믿는 사람보다 더 중요한 사람?
지금 필요한 사람입니다!
지금 필요한 사람이 되어주세요!
필요한 거 있어? 도와줄 거 있어?

나다운 방탄멘탈 공식

좋은 사람보다, 최고의 사람보다, 믿는 사람보다 더 중요한 사람
이 있습니다!

좋은 부모? 좋은 강사? 좋은 애인? 좋은 가족? 좋은 친구? 좋은 선배? 좋은 상사? 좋은 리더? 좋은 후배? 좋은 남편? 좋은 아내? 좋은 자녀? 최고의 부모? 최고의 강사? 최고의 애인? 최고의 가족? 최고의 친구? 최고의 선배? 최고의 상사? 최고의 리더? 최고의 후배? 최고의 남편? 최고의 아내? 최고의 자녀?

좋은 사람보다, 최고의 사람보다, 믿는 사람보다 지금 필요한 사람이 되어주는 것이야말로 세상에서 가장 좋은 사람, 최고의 사람, 믿는 사람입니다.

지금 소중한 사람들이 어떤 사람을 필요로 할까요? 놀아줄 사람? 격려해줄 사람? 사랑해줄 사람? 함께 울어줄 사람? 옆에 있어줄 사람? 배를 채워줄 사람? 좋은 사람, 최고의 사람이 되려고 지금 하는 일에 악착같이 하지 마시고, 나중으로 미루지 마시고 지금 옆에서 어깨 한번 안마해줄 수 있는 필요한 사람이 되세요! 누군가는 징그러워서 어떻게 해요! 가족끼리 안마하는 거 아냐! 말하지만 오늘 누군가는 가족을 떠나보내며 안마 한 번이라도 더 해줄 걸 하며 슬퍼하는 가족이 있다는 것을 생각하면서 용기 내서 옆에 있는 가족에게 아무 말 없이 어깨 안마 한번 해주세요!

#주의사항: 약 먹었어? 징그럽게? 사고 쳤어? 왜 안 하던 짓을 해? 민망함 4단 콤보를 들을 수 있습니다. 영화관에서 콤보만 시켜 먹지 마시고 민망함 4단 콤보를 시키세요. 가족의 행복은 400배 커질 것입니다.

최고의 사람, 잘나가는 사람

돈 잘 버는 사람이 되려고 소중한 사람들과

보내는 시간을 줄이지 마세요. 소중한 사람들은

지금 옆에서 어깨 한번 주물러줄 수 있는

필요한 사람을 원합니다.

 긍정이 밥 먹여 주는 건 아니지만
부정보다는 긍정이 밥 먹을 기회를 더 준다

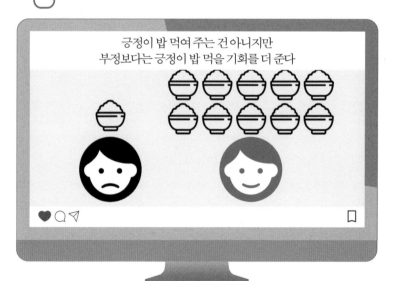

외면에 신경 쓰면 불행하게 빨리 늙고
방탄멘탈의 7개 기둥(자자자자멘습긍)인
내면에 신경 쓰면 행복하게 늙습니다.

부정적인 사람은 불행하게 빨리 늙고
긍정적인 사람은 행복하게 늙습니다.
긍정이 밥 먹여 주는 건 아닙니다.
부정보다는 긍정이 밥 먹을 기회를 더 줍니다.

나다운 방탄멘탈 공식

사람은 늙지만 긍정적인 사람은 늙지 않습니다.
사람은 늙지만 소통하는 사람은 늙지 않습니다.
사람은 늙지만 솔선수범하는 사람은 늙지 않습니다.
사람은 늙지만 행동하는 사람은 늙지 않습니다.
사람은 늙지만 꿈, 목표, 방향이 있는 사람은 늙지 않습니다.
사람은 늙지만 배우는 사람은 늙지 않습니다.

긍정이 답은 아닙니다. 하지만 우리는 알고 있습니다. 부정보다는 긍정이 삶의 질을 높여 행복한 삶을 만들어준다는 것을. 농부가 봄에 씨앗을 뿌려 가을에 결실을 맺듯 꾸준히 긍정을 가꾸어 자체 생산할 수 있어야 긍정의 태도 유통기한을 늘릴 수 있습니다.
택배 받을 때처럼 받을 때만 좋고 순간 사라지는 긍정은 긍정의 태도 유통기한을 줄입니다. 긍정 유통기한을 늘리는 가장 빠른 방법은 긍정적인 사람을 꾸준히 만나 그 사람의 말, 행동, 모습,

습관을 벤치마킹하는 것입니다. 세상에서 가장 학습이 잘 되는 방법은 사람을 직접 만나서 배우는 것입니다. 5감을 느낄 수 있는 학습이 동기부여가 잘 됩니다.

#3why 기법
– 첫 번째 왜? 저런 행동을 할 수 있는 거지?
– 두 번째 왜? 평상시 어떤 습관이 있었기에?
– 세 번째 왜? 지금부터 생활 속에서 내가 실천해야 할 것?

긍정이 인생의 정답은 아닙니다.
부정이 인생의 오답도 아닙니다.
많은 시행착오와 경험을 통해 다듬어가는 것이
나다운 긍정, 부정의 기준을 만들어 가는 정답입니다.
인생의 정답?
링컨 같은 인생? 세종대왕 같은 인생?
누구처럼이 아닌
나답게 사는 것이 인생의 정답입니다.

step 83 오늘의 행복은 내일로 이월되지 않는다

봄, 여름, 가을, 겨울
시간이 지나면 자연스럽게 계절이 옵니다.
자신의 인생 계절을 시간의 흐름 속에서
그냥 기다리지는 않는지요?
자연의 계절은 시간이 지나면 오지만
자신의 인생 계절은 자자자자멘습긍을
얼마나 꾸준히 행동하느냐에 따라 앞당길 수도 있고
다음 생에 올 수도 있다는 것을 명심하세요.

나다운 방탄멘탈 공식

성공하기 위해 자신의 계절을 기다리나요, 행복하기 위해 자신의 계절을 기다리나요? 성공이 행복 아닌가요? 이렇게 물어보신다면 아니라고 말을 하겠습니다. 행복의 기준을 앞에 두느냐 뒤에 두느냐는 천지 차이입니다. 행복의 기준을 결론에 두는 것은 신발을 거꾸로 신고 42.195km 풀코스 마라톤을 하는 것과 같습니다. 제가 마라톤 코스 5km, 10km, 21km, 42km 코스를 5개월 동안 하나씩 완주하면서 느꼈습니다. 큰 목표, 큰 행복이 마라톤 42km 완주가 아닌 기록에만 있었다면 5km, 10km, 21km를 완주하면서 느끼는 행복을 못 누렸을 것입니다. 한마디로 작은 행복을 만들어가면서 큰 행복이 만들어진다는 것을 마라톤을 하면서 알게 되었습니다.

작은 행복이라는 완주를 위해 뛰어야 합니다. 성공이라는 기록을 위해 뛰다 보면 자신의 페이스를 잃어 인생에 무리가 온다는 것입니다. 기록(결과)에 집착하지 마세요. 완주에 집중하세요. 인생은 100m 달리기가 아닙니다. 자신의 페이스를 잘 유지해야만 완주할 수 있는 100km 울트라마라톤입니다.

성공(기록)이 선행되면 빨리 지치지만 행복(완주)이 선행되면 지치지 않고 오래 지속할 수 있습니다. 오늘의 행복에 집중하세요! 내일의 성공의 집착하지 마시고. 오늘의 행복은 내일로 이월되지 않습니다.

마라톤 코스

5km, 10km, 21km, 42km

인생 코스

하루, 1주일, 한 달, 3달, 6개월, 1년

마라톤과 인생

기록에 집착하면 페이스를 잃어버립니다.

완주, 과정, 성장, 변화에 목표를 두면

자신의 페이스를 유지할 수 있습니다.

인생 마라톤 나의 페이스(나다운 방탄멘탈)

 식스펙은 눈을 즐겁게 해주고,
자자자자멘습긍 식스펙은 삶을 즐겁게 해준다

향기 나는 복수!

상처받은 말 때문에 그 사람이 미워질 때 복수하세요.

그 사람 보면 칭찬으로 복수하세요.

약속을 안 지켜 그 사람이 싫어졌을 때 복수하세요.

다음 약속 때는 작은 선물을 준비해서

더 미안해할 수 있도록 복수하세요.

자신을 험담하는 사람을 알게 되었을 때 복수하세요.

보고 싶었다고 잘 지냈냐고

방긋 웃어주면서 복수하세요.

스트레스 주는 상사, 사람들 있다면 복수하세요.

박카스 하나와 힘내시라는

응원의 메모 남겨 복수하세요.

나다운 방탄멘탈 공식

자신을 괴롭히는 것은 그 사람, 환경이 아닌 마음속에 있는 부정의 자신입니다. 긍정의 마음, 너그러운 마음은 누구나 가질 수 있습니다. 단지 학습하며 익히는 방법을 모를 뿐입니다.

이런 것이 있으면 얼마나 좋을까요? 부정적인 상황이 닥쳤을 때 긍정적으로 해석해주는 긍정사용설명서 어플. 와우! 잘 팔릴 것 같은데요? 한번 만들어볼까요? 누구나 만들 수 있습니다. 긍정 사용설명서 어플보다 더 성능이 좋은 자신의 긍정마음 어플! 단, 꾸준히 부정의 마음은 다이어트하고, 긍정근육을 키워야만 가능하다는 것입니다.

외적인 식스펙이 아닌 마음의 식스펙이 더 중요합니다. 긍정 식스펙이 삶의 질을 더 높이고 정신과 육체를 튼튼하게 합니다. 긍정 식스펙에 도전하세요!

식스펙은 눈을 즐겁게 해주고
자자자자멘습긍 식스펙은 삶을 즐겁게 해줍니다.
인생의 무게, 부모의 무게, 자녀의 무게, 직장의 무게
인간관계의 무게……
삶의 근육인 자자자자멘습긍이 있어야
삶의 무게를 잘 견딜 수 있습니다.

좋아하는 것을 할 때보다 싫어하는 것을 안 할 때
신뢰, 믿음이 더 쌓인다

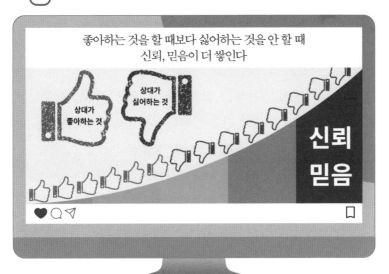

좋아하는 것을 할 때보다
싫어하는 것을 안 할 때
신뢰, 믿음이 더 쌓입니다.
사람들이 싫어하는 사람 유형?
자신이 하고 있지는 않나요?

나다운 방탄멘탈 공식

당신은 자신을 좋아합니까? 당신은 자신을 사랑합니까? 사람
들에게 이런 질문을 하면 평균적으로 막힘없이 말을 잘 합니

다. 그런데 가장 중요한 다음 질문을 하면 평균적으로 많이 망설입니다. 자, 긴장하지 마시고 편하게 말해보세요. 다음 질문 들어갑니다.

자신을 사랑한다면 사랑하는 어떤 행동을 하시나요? 질문 의도를 모르는 사람들도 많습니다. 제가 8년 동안 4,200여 명의 사람들과 상담하면서 질문해본 결과, 평균적으로는 대답을 못하고 대답을 하더라도 이렇게 말을 합니다. '자신이 좋아하는 것을 하면 사랑하는 행동 아닌가요?' 50%만 정답입니다.

자신을 사랑하는 개념을 잘 이해하셔서 제대로 자신을 좋아하고 사랑했으면 좋겠습니다. 모든 시작은 자신을 좋아하고 사랑하는 것부터 시작입니다. 자신이 좋아하는 것이 몸에 무리가 가고 부정적인 행동이라면 그건 자기를 사랑하는 게 아닙니다.

일전에 알코올 중독자 한 분이 저를 찾아왔습니다. 전 술을 너무 좋아합니다. 하루에 한 병씩 술을 먹습니다. 좋아하는 것을 하니 이것이 사랑하는 거 아닌가요? 묻습니다. 이럴 경우 내담자 상황에서는 술을 끊는 것이 가장 좋은 방법이지만 단번에 끊기가 힘들기에 하루 한 잔을 줄여나가도록 도와드렸습니다.

몸에 무리가 가는 행동은 사랑하는 것이 아닙니다. 입으로만 자신을 사랑한다는 사람들이 많다 보니 자존감이 대부분 낮다는 것입니다. 자존감을 높이고 싶으세요? 자기 자신을 제대로 사랑하고 싶으세요? 자신이 좋아하는 것을 해주기보다는 절제하는 행동을 할 때 자존감이 높아져 자신을 제대로 사랑할 수 있습니다. 야식 절제, 술 절제, 담배 절제, 게임 절제…… 여러분은 답을 알고 있을 것입니다.

입으로만 사랑한다 말하지 말고 행동으로 사랑하세요. 운동, 자기관리, 자기계발 하세요. 자신에게 다시 프러포즈하세요. 미안하다고, 내가 나에게 너무 소홀했다고, 다시 기회를 준다면 첫사랑이자 마지막 사랑이라는 마음으로 행동으로 보여주겠다고. 입으로 노노노! 행동으로 고고고! 오늘부터 자신을 다시 사랑하는 1일!

인간관계도 마찬가지입니다. 자신을 사랑하는 사람들은 상대방도 사랑합니다. 모든 시작은 자신을 사랑하는 행동으로부터 나온다는 것을 명심하세요.

나는 나를 사랑해!
자신이 좋아하는 것을 하는 게
자신을 사랑하는 것이 아닙니다.
몸이 싫어하는 것을 절제할 때
진정으로 사랑하는 것입니다.
입으로만 사랑은 노노노!
행동으로 고고고!

 **step86** 하면 된다? 노력하면 된다!
하면 는다? 노력하면 는다!

누구나 신호등을 가지고 있는 거 아세요?
부정(빨강) 신호등, 긍정(파랑) 신호등
도로의 신호등은 자신이 편한 대로 바꿀 수 없지만
자신의 행동 신호등은 언제든 바꿀 수 있습니다.

나다운 방탄멘탈 공식

시작하지 않아도 됩니다! 행동하지 않아도 됩니다!
움직이지 않아도 됩니다! 가만히 있어도 됩니다!

내일 해도 됩니다! 배우지 않아도 됩니다!
변화하지 않아도 됩니다! 인내 안 해도 됩니다!
감사 안 해도 됩니다! 용서 안 해도 됩니다!

시작해야 합니다! 행동해야 합니다! 움직여야 합니다!
가만히 있으면 안 됩니다! 내일 하면 안 됩니다!
배워야 합니다! 변화해야 합니다! 인내해야 합니다!
감사해야 합니다! 용서해야 합니다!

우리는 인생의 진리를 알고 있습니다. 편한 쪽으로 가면 행복과
멀어진다는 것을 누구나 알지만 아무나 행동하지는 않습니다.
누구나 신호등을 가지고 있습니다. 부정(빨강) 신호등, 긍정(파
랑) 신호등입니다. 도로의 신호등은 자신이 편한 대로 바꿀 수 없
지만 자신의 행동 신호등은 언제든 바꿀 수 있다는 것입니다. 도
로의 신호등은 때가 되면 바뀌지만 자신의 행동 신호등 습관은
어떻게 만드느냐에 달렸습니다.
차는 도로를 달리라고 만들어졌습니다. 비행기는 하늘을 달리라
고 만들어졌습니다. 배는 바다를 달리라고 만들어졌습니다. 움
직이라고 만들어져 있는 것을 가만히 놔두면 고장이 납니다. 사
람도 행동하라고 만들어졌습니다. 각자 위치에서 행동하지 않으
면 고장이 나서 쓸모가 없어집니다.

하면 된다? 노력하면 된다!
하면 는다? 노력하면 는다!

하면 변한다? 노력하면 변한다!
하면 배운다? 노력하면 배운다!
노오력이 아닌 올노(올바른 노력)
시작하면 변화하고 내일 하면 변질됩니다.

상어는 부레가 없습니다.
그래서 몸을 움직여야 물속에서 가라앉지 않고
떠 있을 수 있으며 살 수 있습니다. 끊임없이 움직여야 합니다.
사람도 마찬가지입니다.
늘 변화하고 성장하기 위해 움직이지 않으면
몸, 정신이 죽습니다.

 스트레스는 이겨야 할 적이 아니라
함께할 친구

스트레스는 이겨야 할 적이 아니라 함께할 친구

스트레스 안 받았으면 좋겠다가 아니라
스트레스 풀고 살자가 맞습니다.
십자 드라이버? 일자 드라이버? 무엇으로 풀 것인가요?

 평생 따라다니는 스트레스
이겨야 할 적이 아니라 함께할 친구입니다.
스트레스 안 생길 수는 없습니다.
스트레스를 바라보는 태도가 중요한 것입니다.
자자자자멘습긍이 스트레스를 죽마고우로 만들어줍니다.

나다운 방탄멘탈 공식

요즘 시대에는 스트레스 해소법에 관한 글, 영상들이 차고 넘칩니다. 하지만 스트레스가 줄어드는 게 아닌 스트레스로 인해 육체적,

정신적으로 더 힘들어지고 있는 것이 불편한 진실입니다. 스트레스 시작과 끝이 '스'입니다. 한마디로 스트레스 발생한 곳에 답이 있다는 것입니다.

스트레스 관리 방법!
1. 스트레스가 발생하는 곳을 차단하자.
2. 차단하지 못했다면 발생한 곳에서 답을 찾자.

1. 스트레스 차단

차단이라기보다는 스트레스가 더 퍼지기 전에 막는 것입니다. 눈, 비가 오는 게 자연현상이듯 스트레스도 세상 속에서 일어나는 자연현상의 일부라고 생각해야 합니다. 한마디로 스트레스를 바라보는 긍정의 태도가 중요하다는 것입니다.

뻔한 말인데 아무나 긍정의 태도를 학습하려 하지 않습니다. 긍정도 스펙입니다. 스펙이라 생각하고 학습하세요.

2. 스트레스 발생한 곳에 답이 있다

사람 때문에 스트레스가 발생했다면 사람에게 답이 있는데 왜 다른 것으로 풀려고 하십니까? 술, 담배, 과식, 게임…… 건강에 무리가 가고 정신적으로 안 좋은 것들로 인해 스트레스가 풀리지 않고 반복되는 것입니다. 당연히 일시적 효과는 있지만 늘 그때뿐이라는 것을 모르는 사람은 없을 것입니다.

스트레스가 가장 많이 발생하는 이유는 사람 때문입니다. 그 인간! 그 화상! 그 인간만 없으면! 꼴도 보기 싫은 사람! 그 또라이!

답 나왔습니다. 사람 공부! '또라이'를 해석하는 긍정의 태도 공부가 중요합니다. 사람은 다 또라이입니다. 이상한 또라이가 아니라 각자 다르기에 사람 공부를 해야 하는 것입니다.

사람 공부 해봤는데요? 이렇게 말씀하시는 분이 있다면 어느 정도 했기에 해봤다고 하는지요? 사람이 살아가면서 배우는 것에는 완성형이 없습니다. 숨을 거두는 날까지 다듬어가는 것밖에 없다는 마음으로 올노(올바른 노력) 해야 됩니다.

완벽하려고 애쓰지 마세요. 완벽하지 않아도 되고 인간이 하는 일은 어차피 완벽할 수가 없습니다. 어제보다 나은 내가 되기 위해 집중해서 다듬어가는 자신만 있을 뿐이라는 것을 명심하세요.

스트레스라는 문은 긍정의 태도라는 열쇠를 넣으면 부드럽게 열리고, 다음 관문을 위해 평상시 긍정의 태도 열쇠에 기름칠을 잘 해놓아야 합니다. 스트레스 문은 인생 살면서 마주하는 다른 문보다 1억 배는 많습니다. 지금 스트레스가 없나요? 긍정의 태도 열쇠가 잘 돌아갈 수 있도록 기름칠을 잘 해놓으세요!

각종 기계에 기름칠을 하려면 공구점에서 파는 WD-40를 바르면 됩니다. 인생의 윤활류는 독서, 봉사, 나눔, 긍정적인 사람 자주 만나기입니다. 자자자자멘습긍, 이것이 인생을 잘 굴러가게 하는 방법입니다.

스트레스는 없습니다.

자신이 스트레스라고 받아들이는

부정의 태도만 있을 뿐입니다.

step 88 세상은 금수저 흙수저로 나뉘지 않고, 배우려는 사람과 이 정도면 됐지! 하는 사람으로 나뉜다

세상은 금수저 흙수저로 나뉘지 않고,
배우려는 사람과 이 정도면 됐지!하는 사람으로 나뉜다

어제의 지식은
오늘 쓰레기다!

익숙한 것만 하자!
이 정도면 됐지!

배우려는 사람은 불평불만이 있지 않습니다.

게으르지 않습니다. 행동을 먼저 합니다.

배우려는 사람은 배우지 않는

사람보다 더 행복합니다.

나다운 방탄멘탈 공식

배우려는 사람은 불평불만이 있지 않습니다. 배우려는 사람은 게으르지 않습니다. 배우려는 사람은 행동을 먼저 합니다. 배우려는 사람은 배우지 않는 사람보다 더 행복합니다. 세상은 금수저 흙수저로 나뉘지 않고 배우려는 사람과 이 정도면 됐지! 하는 사람으로 나뉩니다.

오늘도 배우겠습니다. 시기 질투하는 사람들을 보며 왜 저렇게 사람들을 미워할까? 저런 사람 나도 싫다가 아니라 나라도 미워하지 말자. 참 안쓰럽네. 저런 사람도 있구나! 하는 마음으로 배우겠습니다.

오늘도 배우겠습니다. SNS에서 소통이 아닌 짝퉁 자존감인 줄도 모르고 '좋아요'에 집착해 자랑질만 하는 사람으로부터 배우겠습니다. '좋아요' 수만 개 받는 것보다 어제보다 줄넘기 하나 더 하는 게 낫다는 걸 왜 모를까? 참 안쓰럽네. 저런 사람도 있구나! 하는 마음으로 배우겠습니다.

오늘도 배우겠습니다. '시간이 있어야 책을 보죠!'가 세상에서 가장 한심한 말인 줄도 모르고 쓰는 사람들을 보며 책 볼 시간을 내야 책 볼 시간이 난다는 것을 알기에 더 책을 봐야겠다는 것을 배웁니다.

오늘도 배우겠습니다. 주말이라 일주일 피로 한 번에 풀기 위해

잠으로 소중한 시간을 낭비하는 것이 아니라 행복의 재료인 자자자자멘습긍(자존감·자신감·자기관리·자기계발·멘탈·습관·긍정)을 어떻게 하면 업그레이드 할까? 하는 마음으로 움직이면서 배우겠습니다.

배우려 하지 않는 사람들은 노오력을 합니다. 그래서 오래가지 못하고 금방 지치고 자신은 안 된다고 부정의 합리화를 시킵니다. 내가 해봤는데 안 돼!
배우려 하는 사람들은 올노(올바른 노력)를 합니다. 그래서 오래 갈 수 있고, 지치지만 버틸 수 있는 것입니다. 과정에서 많은 것을 얻기에 결과에 집착하지 않습니다. 그래서 오늘도 배우겠습니다.

세상은 금수저 흙수저로 나뉘지 않고,
배우려는 사람과 이 정도면 됐지! 하는
사람으로 나뉩니다.
세상에서 가장 무서운 말, 이 정도면 됐다!
안주하는 순간 자신의 미래도 멈춘다는 것을 명심하세요!

안되면 어떡하지? 실수하면 어떡하지?
욕먹으면 어떡하지?
나를 이상하게 보면 어떡하지?

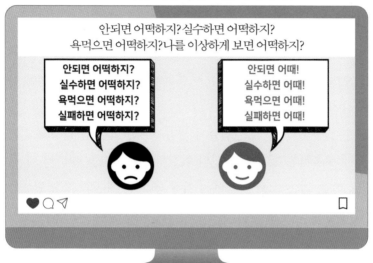

안되면 어떡하지? 실수하면 어떡하지?

욕먹으면 어떡하지? 실패하면 어떡하지?

나를 이상하게 보면 어떡하지?

안 되면 어때! 실수하면 어때!

욕먹으면 어때! 실패하면 어때!

이상하게 보면 어때! 죽지 않습니다!

시작하세요! 아니면 다음 생에 하세요!

나다운 방탄멘탈 공식

비 오면 어떡하지? 안되면 어떡하지? 실수하면 어떡하지? 욕 먹으면 어떡하지? 실패하면 어떡하지? 나를 이상하게 보면 어떡하지?

무슨 일을 시작할 때 걸림돌이 생기기 마련입니다. 환경의 걸림돌에 주춤하는 것보다 자신의 걱정이라는 걸림돌 때문에 더 걱정하지는 않는지요? 세상에서 가장 큰 돌은 자신의 걱정 걸림돌입니다.

단순해야 합니다.

– 비 오면 어떡하지? 비 올 수도 있다. 챙겨서 가자!

– 안되면 어떡하지? 안 될 수도 있다. 하는 데까지 해보자!

– 실수하면 어떡하지? 실수할 수도 있다. 니들은 실수 안 하냐!

– 욕먹으면 어떡하지? 욕먹을 수도 있다. 니들은 욕 안 먹고 사냐!

– 실패하면 어떡하지? 실패할 수도 있다. 죽기야 하겠어!

– 나를 이상하게 보면 어떡하지? 이상하게 볼 수도 있다. 이가 상하면 치과 가면 되지. 해보자!

'못하면 좀 어때? 까짓것 해보자!' 정신으로 단순하고 과감하게 결단하는 것이 중요합니다.

누구나 결단력이 있습니다.
야식 먹을까? 주춤 안 합니다. 먹자!
담배 피울까? 걱정 안 합니다. 피우자!
술 먹을까? 고민 안 합니다. 마셔!
게임할까? 망설이지 않습니다. 고고고!
자신에게 도움이 되는 것은 단순하게 시작하고, 자신에게 도움
안 되는 것은 진지하게 망설이세요!

누구나 결정 장애가 있고
누구나 결단력이 좋습니다.
결정 장애는 알겠는데 결단력은 모르겠다고요?
술! 먹을까? 말까? 결단력 있게 먹습니다.
담배! 필까? 말까? 결단력 있게 핍니다.
야식! 먹을까? 말까? 결단력 있게 먹습니다.
이제는 운동, 독서, 자자자자멘습긍을 하기 위한 결단력!

 **step 90** 경제적인 금수저는 되기 힘들어도
멘탈 금수저는 누구나 될 수 있다

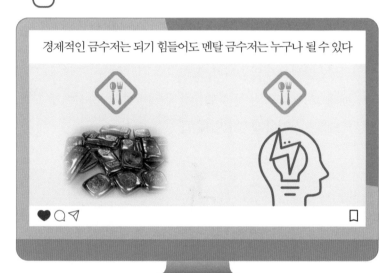
경제적인 금수저는 되기 힘들어도 멘탈 금수저는 누구나 될 수 있다

 경제적인 금수저는 되기 힘들어도
방탄멘탈 금수저는 누구나 될 수 있습니다.
경제적 금수저는 더 좋은 금수저를
부러워하며 욕심을 내서
자신의 페이스를 잃어버리지만
방탄멘탈 금수저는
더 좋은 방탄멘탈 금수저를 보더라도
욕심을 내지 않고 자신의 페이스를 잘 유지합니다.

나다운 방탄멘탈 공식

멘탈 중개사무소! 당신의 멘탈은 몇 평에 살고 있습니까?
일반멘탈 평수 5평? 6평? 9평? 방탄멘탈 34평! 분양받으세요!
'또라이' 3명까지 견딜 수 있는 방탄멘탈입니다. 방탄멘탈 54평!
분양받으세요! '또라이' 5명까지 견딜 수 있는 방탄멘탈입니다.
멘탈 월세! 전세! 지겹지 않으세요? 때 되면 또라이 때문에 멘탈
붕괴되어 여기저기 다시 멘탈 채우기 위해 돈은 돈대로 몸은 몸
대로 힘들어져가는 현실입니다.

마음 제대로 먹고 이번에 방탄멘탈 매매하세요! 자신의 집을 지
금 상황에서 50평 이상 매매로 살 수 있는 사람 몇 명이나 될까
요? 방탄멘탈 50평은 만들 수 있습니다. 경제적인 금수저는 되
기 힘들어도 멘탈 금수저는 누구나 될 수 있습니다. 경제적 금수
저 되는 것보다 멘탈 금수저 되는 게 더 빠를 것입니다. 경제적
금수저는 부작용이 많습니다. 멘탈 금수저는 평생 부작용이 없
습니다. 멘탈 금수저! 방탄멘탈 50평 이상 넓히고 싶으신 분 상
담 받으세요.

대한민국 최초! 선착순! 마감임박! 이번 기회 놓치면 다음 생에나
가능! 방탄멘탈 분양받으세요! 최보규 방탄멘탈 중개사무소!

멘탈 월세? 전세? 지겹지 않으세요?

방탄멘탈 건물주가 되어보세요!

누구나 건물주가 될 수 있습니다.

자자자자멘습긍 청약통장 만드세요!

건물주는 다음 생에나 될 수 있지만

방탄멘탈 건물주는 현생에 가능합니다.

 **step 91** 스마트폰을 보호하는 케이스 세일!
삶의 질을 보호하는 케이스 세일!

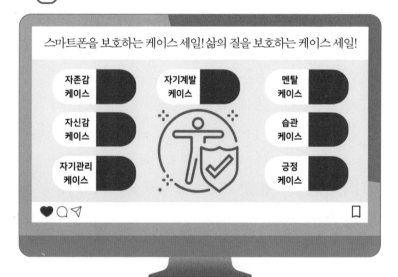

스마트폰을 보호하는 케이스 세일! 삶의 질을 보호하는 케이스 세일!

자존감 케이스	자기계발 케이스	멘탈 케이스
자신감 케이스		습관 케이스
자기관리 케이스		긍정 케이스

스마트폰 액정을 보호하는 방탄유리

스마트폰을 보호하는 방탄케이스

삶의 질을 보호하는 방탄멘탈, 방탄자존감

나다운 행복을 보호하는
방탄멘탈 케이스, 방탄자존감 케이스
더 늦기 전에 준비하세요!

나다운 방탄멘탈 공식

신상 멘탈·자존감 케이스 팝니다. 스마트폰 케이스보다 더 중요한 멘탈·자존감 케이스입니다. 스마트폰 가격이 냉장고 가격과 맞먹습니다. 그런데도 케이스를 끼우지 않는 사람들이 많습니다. 왜? 멋있기 때문에. 케이스를 끼우면 무겁고 불편하기 때문에. 그러다 떨어트리면 수리비용이 공기청정기 한 대 가격이 나올 정도인데도 끼우지 않습니다. 설마설마하다 떨어뜨려 후회합니다. 수리하고 나서도 안 끼우는 사람은 돈이 빌 게이츠보다 많아서 그런가요? 그런 일 없을 거야. 조심하면 되겠지? 대비할 수 있는데 대비를 안 하는 것은 긍정이 아닙니다. 무지입니다!

사람의 멘탈·자존감은 스마트폰 액정보다 더 자주 깨지는데도 멘탈·자존감 케이스를 준비하는 사람이 없습니다. 멘탈·자존감이 깨져서 우울하고 불행한 줄도 모르고 환경 탓만 하는 안타까운 현실입니다. 지금 행복하십니까? 멘탈·자존감 덕분입니다. 지금 우울하고 불행하십니까? 멘탈·자존감 때문입니다. 멘탈·자존감 케이스 준비하세요!

어떻게 준비할까요? 수많은 공식들이 있습니다. 몰라서 못하는 게 아니라 게을러서 안 한다는 것입니다. 너무 많은 공식이 있어서 더 안 합니다. 하기 쉬운 공식 나오겠지 하면서 멘탈·자존감 케이스를 준비하지 않습니다. 게으르면 노벨상을 수상한 사람이 도와줘도 못하고, 부지런하면 꼬마가 도와줘도 합니다. 멘탈·자존감은 금이 가면 쉽게 붙지 않습니다. 더 금 가기 전에 케이스 준비하세요. 멘탈·자존감 방탄케이스 주문제작 www.방탄멘탈 사관학교.com에서 상담 받으세요!

스마트폰을 보호하는 케이스 세일!
삶의 질을 보호하는 케이스 세일!
자자자자멘습긍 케이스!
자존감 케이스, 자신감 케이스, 자기관리 케이스
자기계발 케이스, 멘탈 케이스, 습관 케이스, 긍정 케이스
더 늦기 전에 준비하세요.

 인간관계 공식? 세상에서 최고의 방법?
유일한 방법!

인간관계 공식? 세상에서 최고의 방법? 유일한 방법!

세상이 맞춰주길 바라지 말자!
사람들이 맞춰주길 바라지 말자!
내가 맞춰가려는 행동이 인간관계 공식에
가장 가까운 정답입니다!

 사람의 성격은 4개?

A형 소세지: 소심하고 세심하고 지랄맞고!

B형 단무지: 단순하고 무식하고 지랄맞고!

O형 오이지: 오버하고 이기적이고 지랄맞고!

AB형 5G: 지랄 지랄 지랄 지랄 지랄맞고!

사람의 성격은 75억 개?

세계인구 75억 명, 성격 75억 개

그래서 각자 다르게 지랄맞기에

인간관계 속 스트레스 줄이려면

맞춰주길 바라지 말고

맞춰가려 하세요!

나다운 방탄멘탈 공식

세상에서 가장 어려운 것은 인간관계입니다. 그래서 인간관계 속에 가장 큰 행복이 있고 인생의 진리가 있습니다.

사람의 성격은 4개로 나뉜다?
A형 소세지: 소심하고 세심하고 지랄맞고!
B형 단무지: 단순하고 무식하고 지랄맞고!
O형 오이지: 오버하고 이기적이고 지랄맞고!
AB형 5G: 지랄 지랄 지랄 지랄 지랄맞고!
웃자고 했는데 죽자고 달려들지 마세요! 오해하지 마세요! AB형 사랑합니다!
사람의 성격은 혈액형 4개로 이루어져 있는 것이 아닙니다. 세계 인구가 75억 명이면 75억 개의 성격이 있는 것입니다. 한 사람이 1지구라는 말이 있습니다. 한마디로 세상에는 75억 개의 지구가 있다는 것입니다. 알 수가 없는 존재이기에 숨을 거두는 날까지 학습하고 맞춰가려는 마음이 중요합니다.
맞춰주길 바라니 스트레스가 쌓입니다. 2×2=4, 구구단 공식처럼 외우고 다닙시다. 인간관계는 맞춰가는 것!
맞춰가는 쪽에 더 행복이 있고 스트레스 해독제가 더 많은데도 맞춰주길 바라니 스트레스 해소가 더딘 것입니다.
나부터 맞춰가겠습니다. 작은 것부터 맞춰가겠습니다. 지금부터 맞춰가겠습니다. 세상에 자신을 맞춰주는 사람은 우주에 단 한 명, 부모뿐임을 명심하세요!

인간관계 공식

세상에서 최고의 방법? 유일한 방법!

맞춰주길 바라는 것이 아닌 맞춰가는 것

 아침에 눈 뜨는 순간 뇌는 긍정 10%, 부정 90% 세팅된다

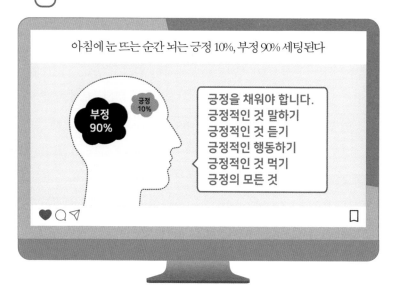

아침 눈 뜨는 순간
뇌는 긍정 10%, 부정 90% 세팅이 됩니다.
그래서 부정은 노력하지 않아도
자동으로 되는 것입니다.
사람에게는 부정적인 심리가 많습니다.
삶의 질을 높이는 법은
모든 것을 긍정으로 채우는 것입니다.

나다운 방탄멘탈 공식

손톱은 하루에 0.1mm, 한 달에 3mm 자라며 발톱은 손톱보다 두 배 느리게 자랍니다. 머리카락은 하루에 0.5mm, 한 달에 1.5cm 자랍니다.

사람에게는 부정적인 심리가 더 많습니다. 아침에 일어나는 순간부터 뇌는 긍정 10%, 부정 90% 세팅이 된다고 합니다. 그래서 부정은 노력하지 않아도 자동으로 되는 것입니다. 부정의 손톱, 부정의 발톱, 부정의 털, 부정의 머리카락은 자연현상처럼 자라납니다. 그래서 꾸준히 긍정의 도구로 다듬어야 하는 것입니다. 긍정 손톱깎이, 긍정 발톱깎이, 긍정 코털깎이, 긍정 면도기, 긍정 제모기로 늘 관리해야 합니다. 사람의 에티켓이 중요하듯 가장 기본적인 것을 관리하지 않으면 부정의 이미지가 생기기 때문에 사소하지만 기본을 잘 지켜야 합니다.

머리카락은 혼자서 관리를 할 수 없습니다. 그래서 미용실에 가서 미용 전문가에게 맡기듯 자자자자멘습긍은 주기적으로 방탄멘탈 전문가에게 관리를 받아야 합니다.

사람은 머리빨! 인생은 방탄멘탈빨!

방탄멘탈, 방탄자존감빨로 삶의 질이 올라가는 것입니다. 새로운 헤어스타일은 한 달이 행복합니다. 새로운 방탄멘탈 스타일은 평생이 행복합니다. 방탄멘탈 헤어숍에서 시작하세요!

부정의 손톱, 부정의 발톱, 부정의 머리카락,
부정의 겨드랑이 털, 부정의 코털
주기적으로 관리해야 하듯
자자자자멘습긍 도구로 관리하세요!

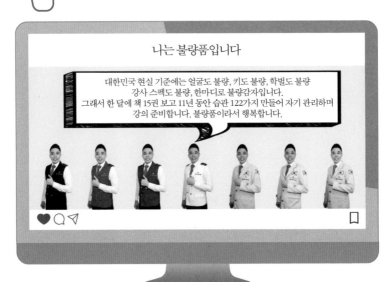

step 94 나는 불량품입니다

나는 불량품입니다.

대한민국 현실 기준에는

얼굴도 불량, 키도 불량, 학벌도 불량

강사 스펙도 불량, 한마디로 불량감자입니다.

그래서 한 달에 책 15권을 보며

메모하고 강의를 준비합니다.

나는 불량품입니다.

그래서 유튜브 〈나다운TV〉 채널 만들어

배워서 남 주자 실천하고 있습니다.

나는 불량품입니다.

그래서 『나다운 강사 1(강사 내비게이션)』

『나다운 강사 2(강사 사용설명서)』 두 권에

함께 잘되기 위해 대한민국 최초로
강사 직업에 관한 모든 것을 오픈했습니다.
나는 불량품입니다.
그래서 나다운 방탄멘탈 지침서를 집필했습니다.
나는 불량품입니다.
그래서 12년 동안 자자자자멘습긍을 높이는
122가지 습관을 만들었습니다.
나는 불량품입니다.
그래서 주제를 알기에 더 움직입니다.
불량품이라서 행복합니다.

나다운 방탄멘탈 공식

제 직업은 강사입니다. 자자자자멘습긍 강의에서 늘 하는 말이
있습니다. 세상에 저보다 강의 잘 하는 사람은 셀 수 없이 많습니
다. 단언컨대 자부하는 건 저보다 청중, 학습자를 사랑하는 강사
는 우주에 없을 것입니다! 그리고 마지막에 '저는 불량품입니다'
라는 말로 강의를 마무리합니다.
저는 불량품입니다!
헉! 최보규 강사가 불량품이라고요? 말도 안 돼! 설마! 8년 동안
4,200여 명을 상담해온 사람이? 자존감, 멘탈이 그 누구보다 높
다고 자부하는 사람이 스스로 불량품이라니, 이건 뭐지? 하는 생
각이 드시겠지만 전 불량품입니다. 세상, 현실 기준에서는 누구

나 불량품입니다. 부정의 의미, 자격지심, 열등감이 아니라 긍정의 의미로 말하는 것입니다.

제가 말하는 불량품이란 부족하고 다듬어야 할 것이 많다는 의미입니다. 불량품이라 생각하고 살아가야 보완하고 다듬으며 채워갈 수 있는 동기부여가 더 잘 됩니다.

대한민국 현실 기준에는 얼굴도 불량, 키도 불량, 학벌도 불량, 강사 스펙도 불량, 한마디로 불량감자이지만, 이런 불량들이 저를 행동하게 만드는 원동력입니다. 불량품이라고 생각하기에 그것을 채우기 위해 올노(올바른 노력) 합니다.

저는 불량품입니다. 그래서 남들보다 더 '배워서 남 주자'를 실천합니다. 그래서 즐겁습니다. 그래서 우리, 함께를 배웠습니다. 그래서 행복합니다. 그래서 살아 있다는 것을 느끼고 있습니다.

이런 마음으로 실천하는 모습을 보고 변화하는 사람들이 많아지고 있어서 행복하고 도움이 되는 불량품 인생에 감사합니다.

나는 불량품입니다. 불량품이라서 행복합니다.

사람은 누구나 불량품입니다.
수리가 가능한 불량품입니다.
세상에 수리 못 하는 불량품은 없습니다.
단지 수리하는 방법을 모르는 사람만 있을 뿐입니다.
불량품을 수리하는 최고의 방법?
자자자자멘습긍!

step 95 814만 5,060분의 1인 로또 당첨확률보다 더 어려운 것?

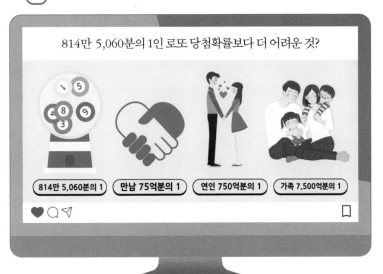

814만 5,060분의 1인 로또 당첨확률보다 더 어려운 것?

814만 5,060분의 1 | 만남 75억분의 1 | 연인 750억분의 1 | 가족 7,500억분의 1

로또 당첨!
814만 5,060분의 1인 로또 당첨확률
지금 알고 있는 지인 만날 확률 75억분의 1
사랑하는 사람 만날 확률 750억분의 1
가족을 만날 확률 7,500억분의 1
가족이 하늘에서 맺어준 인연이라면
지금 자신이 알고 있는 사람들은
내가 선택한 가족입니다.
만남은 인연, 관계는 노력입니다.

80만 1,923분의 1
욕조에서 죽을 확률보다 10배 더 희박하고
428만 9,651분의 1
벼락에 맞아 죽을 확률보다 2배 더 힘든
814만 5,060분의 1인 로또 당첨확률
출처: 지식채널e -

어마어마한 확률입니다. 더 놀라운 것이 또 있습니다. 지금 자신의 옆에 있는 사람들을 만날 확률입니다. 세계인구가 75억 명이니 75억분의 1이라는 것입니다. 사랑하는 사람 만날 확률 750억분의 1, 가족을 만날 확률 7,500억분의 1! 우리는 로또보다 더한 확률로 인연이 된 것인데 너무 당연하게 받아들이다 보니 관계에 소홀해져 가족이 있어도 사랑하는 사람이 있어도 외롭다고 하는 사람들이 많아지고 있습니다. 만남은 인연, 관계는 노력이라는 말이 있습니다. 관계에 정답은 없습니다. 다만 먼저 맞춰가려는 행동만이 관계를 가장 좋게 만들 뿐입니다. 사람들과의 관계가 힘든 이유가, 관계를 멀어지게 하는 이유가 상대방 때문인 줄 알았는데 알고 보니 나의 이것 때문이었습니다.

나의 욕심 때문에

나의 시기, 질투 때문에
나의 말투 때문에
나의 불만 때문에
나의 게으름 때문에
나의 자랑질 때문에

나의 자존심을 지키기 위해 이겨야 한다는 이기심 때문에 나의
소중한 사람들은 더 외로워합니다. 다가오게 하는 것도 자신으
로부터 시작, 멀어지는 것도 자신으로부터 시작됩니다.

세상 모든 관계를 망치는 것? 말투
세상 모든 관계를 좋게 하는 것? 말투
말투의 뿌리는 자자자자멘습긍입니다.
자존감·자신감·자기관리·자기계발·멘탈·습관·긍정을
평상시 꾸준히 관리하지 않으면
말투의 뿌리가 썩어 말투에서 악취가 납니다.

 **step 96** 극소수만 아는 스트레스 80% 해결법

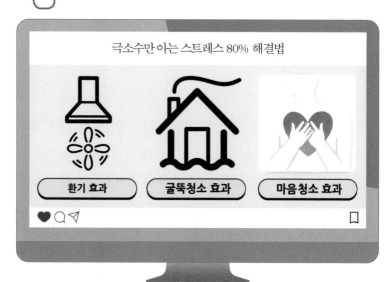

극소수만 아는 스트레스 80% 해결법

환기 효과 굴뚝청소 효과 마음청소 효과

마음에 상처가 생겼을 때
마음에 바르는 후시딘, 마데카솔?
친구, 지인, 상담전문가를 통해
쌓였던 감정을 말하는 것입니다.
환기 효과, 굴뚝청소 효과, 마음청소 효과

나다운 방탄멘탈 공식

스트레스 80% 해결법 알려드릴까요? 환기 효과, 굴뚝청소 효과, 마음청소 효과를 기억하세요.

굴뚝에 연기가 잘 빠져나가지 않으면 집 안에 머물게 되어 집 안의 모든 것을 망가뜨립니다. 꽉 막힌 감정을 그때그때 환기해주지 않으면 가장 무서운 병, 마음의 병이 생겨 몸이 망가져 삶도 망가집니다. 그래서 카운슬러들은 상담할 때 90%는 잘 들어주는 것에 집중을 합니다.

제가 8년 동안 4,200명을 상담하면서 겪은 실제 경험담입니다. 들어만 주는데도 웃고, 울고, 마음속에 있는 감정들을 표현하니 한결 마음이 편해졌다고 하는 사람들이 대부분입니다. 마음속에 있는 말을 할 수 있는 매개체를 만들어놔야 합니다. 하소연할 곳을 만들 수 있다면 스트레스는 80% 풀립니다.

매개체는 뭘까요. 친구, 지인, 카운슬러(검색하면 관공서에서 운영하는 무료 상담 많습니다) 등이 있겠죠. 매개체의 조건으로는 어떤 게 있을까요? 일반 사람이라면 한두 번의 하소연이 가능하지만 계속적으로 부정을 환기시켜 버리면 그 매개체에도 영향을 줍니다. 될 수 있으면 그 매개체가 긍정지수, 자존감, 멘탈이 높아야 합니다. 환기 자체가 부정이기 때문에 긍정지수, 자존감, 멘탈이 약하면 그 매개체들까지 힘들게 할 수도 있습니다. 그래서 능력이 있는 매개체에게 도움 받기 위해 돈을 지불하는 사람도 있는 것입니다.

지인 중에 상담 능력을 갖추고 있는 사람이 있다면 친해지세요. 자신의 마음청소를 해줄 수 있는 고마운 사람입니다. 상황은 그대로인데 마음속에 있는 말을 표현했느냐 안 했느냐에 따라 감정이 180도 달라지는 심리? 신기할 따름입니다.

삶의 질을 높이는 방법이 별거 아닌데 우리는 너무 돌아가고 있습니다. 마음청소, 굴뚝청소만 잘 해도 삶의 질이 올라가고 스트레스도 관리가 되는 것입니다.

#마음청소 굴뚝청소 사용설명서
1단계: 마음에 후시딘 바르기(소독, 염증 치료)
친구, 지인, 상담을 통해 답답한 마음을 하소연하면서 환기시킵니다.
2단계: 마음에 마데카솔 바르기(2차감염 예방, 피부 재생, 흉터 방지)
자자자자멘습긍 관리를 통해 스스로 마음청소, 굴뚝청소를 할 수 있을 정도의 마음 환기 습관을 만들어야 합니다.

누구나 마음의 상처가 있습니다.
누군가는 상처를 자자자자멘습긍 관리로 치유하고
누군가는 상처를 방치합니다.
외적 상처는 시간이 지나면 자연스럽게 치료되지만
내적 상처는 시간이 흐른다고 치료되는 게 아닙니다.
외적 상처보다 내적 상처 관리가 더 중요합니다.

 **step 97** 자신의 바람을 99.9% 이룰 수 있는 기도?

자신의 바람을 99.9% 이룰 수 있는 기도?

바람이 이루어지는 공식?
기도10%, 행동 90%
꾸준함 200%입니다.
100%에 이루어지는 것이 아니라
300%에 이루어지는 것입니다.

기도합니다.
아프지 않았으면 좋겠습니다.
좋은 일이 생겼으면 좋겠습니다.
하는 일 잘 되었으면 좋겠습니다.
기도는 입으로 하지만
이루어지는 것은 발로 하는 것입니다.

나다운 방탄멘탈 공식

자신의 바람을 99.9% 이룰 수 있는 기도?

앞으로 아프지 않았으면 좋겠습니다.

기도는 1분만 하고 지금 줄넘기를 가지고 나가세요.

앞으로 좋은 일만 생겼으면 좋겠습니다.

기도는 1분만 하고 좋은 일이 생길 수밖에 없는 선행을 하세요.

앞으로 하는 일 잘 되었으면 좋겠습니다.

기도는 1분만 하고 남들보다 10배 행동을 하십시오.

기도는 입으로 하지만 이루어지는 것은 발로 하는 것입니다.

바람이 이루어지는 공식은 기도 10%, 행동 90%, 꾸준함 200%입니다. 100%에 이루어지는 것이 아니라 300%에 이루어지는 것입니다. 혼자 잘되기 위한 바람은 시간이 오래 걸리고 지치지만, 함께 잘되기 위한 바람은 시간을 단축시키고 지치더라도 다시 할 수 있는 힘이 있습니다. 자신의 말, 모습, 행동이 자신만을 위한 것이 아닌 우리, 함께를 떠올릴 수 있는 삶이 되기를 소망하며 행동합시다.

바람이 이루어지는 공식?
기도 10%, 행동 90%, 꾸준함 200%입니다.
100%에 이루어지는 것이 아니라
300%에 이루어지는 것입니다.
꿈은 머리로 꾸는 것이 아니라 행동으로
바람은 입으로 이루어지는 것이 아니라
행동으로 이루어집니다.

step 98 이런 국가 자격증 들어보셨나요?
사랑 자격증, 부모 자격증,
인간관계 자격증, 어른 자격증

이런 국가 자격증 들어보셨나요?
사랑 자격증, 부모 자격증, 인간관계 자격증, 어른 자격증

| 사랑 자격증 | 부모 자격증 | 인간관계 자격증 | 어른 자격증 |

이런 국가 자격증이 생겼으면 좋겠습니다.

사랑 자격증, 부모 자격증,

인간관계 자격증, 어른 자격증

시간의 흐름 속에서 자동으로 취득하지만

체계적인 교육을 받지 않다 보니

자격증 값어치를 못하는 현실입니다.

시작합시다!

나다운 방탄멘탈 공식

지금은 자격증 시대, 스펙 시대입니다. 이런 국가 자격증 생겼으면 좋겠습니다. 사랑 자격증, 부모 자격증, 인간관계 자격증, 어른 자격증. 살아가면서 가장 중요한 것인데 우리는 알게 모르게 시간의 흐름 속에서 자동으로 취득합니다. 만약 체계적으로 학습해서 통과하는 사람에게만 자격이 주어진다면? 몇 명이나 취득할까요? 지금은 선 취득, 후 학습이다 보니 자격증 값어치를 못하는 사람들이 많아지고 있습니다.

8년 동안 4,200명 상담 봉사를 하면서 평균적으로 사람들이 큰 상처라고 말하는 게 무언지 아세요? 어렸을 때 부모에게 받은 상처라는 것입니다. 그 상처는 평생 가는 것입니다. '문제 있는 자녀는 없다. 문제 있는 부모만 있을 뿐이다' 라는 말이 있습니다. 누구나 부모는 된다 하지만 부모답게는 아무나 될 수 없습니다.

부모가 자녀에게 물려줄 3가지 유산
1. 부부가 서로 사랑하는 모습 보여주기
2. 부모 자신의 인생을 행복해하는 모습 보여주기
3. 나눔, 실천의 모습 보여주기

자녀에게 물려줄 3가지 유산이 자녀의 마음 상처에 가장 효과 있는 후시딘, 마데카솔입니다. 자신의 상처, 대물림하지 마세요!

부모가 자녀에게 가장 듣고 싶은 말

1. 다시 태어나도 엄마, 아빠 자녀로 살고 싶어요!
2. 엄마 같은 여자와 결혼하고 싶어요!
3. 아빠 같은 남자와 결혼하고 싶어요!

그런 부모가 되기 위해서, 어른다운 어른이 되기 위해서, 리더다운 리더가 되기 위해서 지금부터 무엇을 절제하고 인내하며 솔선수범으로 보여줄 것인가요?

사랑 자격증, 부모 자격증, 인간관계 자격증, 어른 자격증, 누구나 취득? 취득이 아닌 주어지는 것이죠. 하지만 아무나 그 자격증 값어치를 하기 위한 학습, 행동은 하지 않기에 장롱면허가 되어갑니다. 취득한 자격증이 있으신가요? 자격증 값어치를 하기 위해 장롱면허 꺼내서 더 늦기 전에 시작합시다.

부모가 자녀에게 물려줄 유산?
부부가 서로 사랑하는 모습 보여주기
부모 자신의 인생을 행복해하는 모습 보여주기
나눔, 실천의 모습 보여주기
부모 방탄멘탈 습관 물려주기!
지금 당신의 인성, 성격, 습관, 마인드, 멘탈, 자존감
자녀에게 물려주고 싶을 정도로 자신감 있습니까?
자신감 없다면 지금부터 시작합시다!
지금처럼 살 것인가, 지금부터 살 것인가?

 **세상에서 가장 좋은 욕심**

세상에서 가장 좋은 욕심

혼자 잘 먹고 잘 살기 위한 욕심이 아닌
함께 잘 살기 위한 욕심!

 욕심을 내세요!
혼자 잘 먹고 잘 살기 위한 욕심이 아닌
함께 잘 살기 위한 욕심!

나다운 방탄멘탈 공식

세상에서 가장 좋은 욕심? 함께 잘되기 위한 욕심입니다. 죄송합
니다. 전 욕심쟁이입니다. 욕심이 많은 것을 고백합니다.

- 자존감 욕심이 많아 죄송합니다.

자존감을 높이는 방법은 나의 위치에서 필요한 사람이 되기 위한 행동으로 존재 이유를 알아가는 것이라 믿기에 실천합니다. 나를 사랑하는 것은 긍정, 배움, 변화, 성장하기 위한 행동이 따라줘야 한다는 것을 알기에 행동에 집중합니다.

- 자기관리 욕심이 많아 죄송합니다.

하루에 운동 30분씩, 술·담배·게임·TV·탄산음료…… 몸, 정신에 무리 가는 것 안 합니다.

- 멘탈, 긍정 욕심이 많아 죄송합니다.

긍정적인 태도를 훈련하기 위해 보는 것, 듣는 것, 말하는 것들에서 긍정적인 것에만 집중합니다. 한 달에 책 15권을 읽습니다.

- 습관 욕심이 많아 죄송합니다.

12년 동안 122가지 습관을 만들어가고 있으며, 앞으로 숨을 거두는 날까지 습관 1,000개 만드는 것이 목표입니다.

- 나의 1%는 누군가에게는 살아가는 100%가 될 수 있다는 말에 욕심이 많아 죄송합니다.

150명에게 새로운 삶을 줄 수 있는 전신 기증을 했습니다. 12년 동안 450명에게 '배워서 남 주자'는 마음으로 자자자자멘습긍에 도움 되는 것을 공유하고 있습니다. 8년 동안 기부도 하고 있습니다.

- 함께 잘되기 위한 마음이 많아 죄송합니다.

배워서 남 주자 실천으로 유튜브 〈나다운TV〉 채널을 만들어 강사 양성 전문가로서 강사님들에게 도움을 주기 위한 노하우를 오픈하고 있습니다. 자기계발 전문가로서 자기계발 노하우 오픈으로 강사님들이 강사 직업 좀 더 행복하게 했으면 좋겠고, 자기 계발을 통해 삶의 질이 높아졌으면 좋겠다는 마음으로 하고 있습니다.

• 상담 봉사 욕심이 많아 죄송합니다.

일반인 상담 봉사 8년간 4,200명, 강사 상담 봉사 11년간 5,300명 하고 있습니다.

• 가장 죄송한 건 혼자 행복해서 죄송합니다.

우리 님들 나다운 행복 찾아주기 위해 솔선수범에 욕심내겠습니다. 진정한 행복은 혼자만의 행복이 아닌 함께 행복이라는 것을 믿습니다. 욕심이 많아 죄송합니다. 더 욕심내겠습니다. 나다운 삶의 욕심을 냅시다!

욕심 때문에 인생을 망치는 경우?

혼자 잘되기 위한 욕심을 낼 때입니다.

욕심 덕분에 인생을 행복하게 하는 경우?

함께 잘되기 위한 욕심을 낼 때입니다. 우리 욕심냅시다!

오늘도 자신의 말, 행동이 혼자 잘되기 위한 것이 많은가요,

함께 잘되기 위한 것이 많은가요?

 **step 100** 치약보다 못한 사람이 되지 말자!

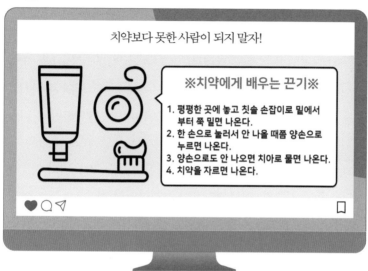

치약보다 못한 사람이 되지 말자!

※치약에게 배우는 끈기※

1. 평평한 곳에 놓고 칫솔 손잡이로 밑에 서부터 쭉 밀면 나온다.
2. 한 손으로 눌러서 안 나올 때쯤 양손으로 누르면 나온다.
3. 양손으로도 안 나오면 치아로 물면 나온다.
4. 치약을 자르면 나온다.

아이언맨, 캡틴 아메리카, 헐크, 토르, 스파이더맨……
지구를 지키는 영웅들
자신을 지켜주는 영웅? 자자자자멘습긍!

나다운 방탄멘탈 공식

치약보다 못한 사람이 되지 맙시다. 치약을 다 쓴 거 같을 때 평 평한 곳에 놓고 칫솔 손잡이로 밑에서부터 쭉 밀면 치약은 아이 언맨을 능가하는 힘을 발휘합니다. 믿을 수 없을 정도의 양이 나옵니다. 언빌리버블! 그 많은 양도 어느 순간에 다 쓰게 되고 안 나옵니다. 하지만 실망은 금물. 한 손으로 눌러서 안 나올 때쯤 양손으로 헐크의 힘을 받아 누르면 2~3번 쓸 정도의 양이 다시 나옵니다. 판타스틱! 끝은 있는 법이죠. 여기까지가 끝인가 보오 ~~ STOP! 치약 입구를 보니 한 번은 쓸 수 있는 치약이 숨어 있 습니다. 헉! 양손으로도 안 나오는 너! 싸우다 안 되면 물어서라 도 이기는 물기신공! 치아로 힘껏 물어버리니 항복하면서 나옵 니다. 나무 관세음보살! 할렐루야! 이제는 보낼 때가 되었는가? 유레카! 아낌없이 주는 나무처럼 치약을 가위로 자릅니다. 헐! 대 박! 2~3번 더 쓸 수 있는 양! 이것은 기적입니다!

우리는 치약보다 못한 사람이 되면 안 됩니다. 해보다 안 되면 치 약처럼 네 번 더 해볼 수 있는 우리가 됩시다! 하는 일이 결과가 안 나오나요? 치약을 생각하면서 쥐어짜세요!

후회를 남길 것인가,
아쉬움을 남길 것인가?
후회는 아~ 그거 좀 더 해볼 걸. 너무 후회된다!
아쉬움은 아~ 그거 하는 데까지 했어.
아쉬움이 남지만 다음을 기약하며 결과를 받아들이자!

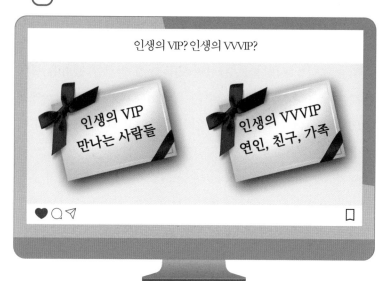

인생의 VIP? 인생의 VVVIP?

인생의 VIP
만나는 사람들

인생의 VVVIP
연인, 친구, 가족

 인간관계 잘하는 방법?
만나는 사람들에게 VIP 대접 받으려 하지 말고
VIP 대접을 해주자.

나다운 방탄멘탈 공식

인생의 VIP? 인생의 VVVIP?

인생의 VIP는 만나는 사람들입니다. VIP 서비스 마음으로 특별
서비스를 해줘야 인간관계가 잘됩니다.

인간관계란 대접받으려는 마음으로 만나면 어렵고 멀어지지만 대접해주려는 마음으로 만나면 쉽고 가까워지는 것입니다. 관계를 잘하는 사람들은 상대를 VIP라는 마음으로 맞춰주려고 합니다.

관계를 못하는 사람들은 자신이 VIP 대접 받기를 원하다 보니 관계가 힘들고 어렵다고 말하는 것입니다. 만나는 사람들에게 VIP 대접을 해주세요! 영원히 기억할 것이고 언제든 내 편이 되어줄 것입니다.

인생의 VVVIP는 가족, 사랑하는 사람, 친한 친구일 것입니다. 하지만 현실은 그 사람들에게 VIP보다 못한 서비스를 하는 경우가 많습니다. 늘 그 자리에 있기에, 늘 보기에, 늘 함께하기에 소홀히 한다는 것입니다. 그러다 대중매체에서 가족을 잃은 사연을 접하면 VIP보다 못한 서비스에서 VVVVVVVVVVVVVVIP 특별 서비스로 바뀌게 됩니다. 그러나 며칠 가지 않고 그 서비스는 원위치 됩니다.

오늘이 마지막이 될 수 있습니다! 제가 악담을 하는 게 아닙니다. 내가 될 수 있고 우리가 될 수 있다는 것을 명심하세요!

자신의 VVVIP 분들께 서비스 잘합시다.

물질적인 것이 많아서
VIP 대접을 받는다고 인생도
VIP 인생이 되는 게 아니고
물질적인 것이 적어서

VIP 대접을 못 받는다고 인생도

VIP 인생이 안 되는 건 아닙니다.

VIP 인생을 만드는 것은 돈이 아닙니다.

함께 잘되기 위한 행동으로 사는 인생이 VIP 인생입니다.

 내가 할 수 있을까?
어떻게 하면 할 수 있을까?

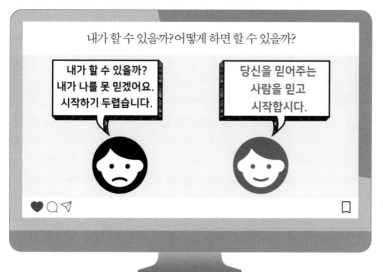

 내가 할 수 있을까?

어떻게 하면 할 수 있을까?

내 주제에? 내 주제가 어때서!

내가 나를 못 믿겠어요. 시작하기 두렵습니다?

당신을 믿어주는 사람을 믿고 시작합시다.

나다운 방탄멘탈 공식

감 속의 씨는 셀 수 있어도 그 씨 안에 감이 몇 개가 들어 있는지 셀 수는 없습니다. 배 속의 씨는 셀 수 있어도 그 씨 안에 배가 몇 개가 들어 있는지 셀 수는 없습니다. 자신의 스펙? 현실 기준으로 봤을 때 가능성이 낮아 보여도 꾸준히 변화한다면 자신의 가능성 그 누구도 장담 못 합니다. 자신의 가능성은 누가 만들어주는 것이 아닙니다. 자신이 만들어 가는 것입니다. 누구나 알지만 아무나 행동하지 않습니다.

내 모습이 초라해 보일 때가 있습니다. 이런 마음이 들 때 그래, 내가 뭘 할 수 있겠어? 나의 가능성? 이 스펙으로 아무것도 할 수 없을 거야! 난 루저야! 내 주제에 뭘 하겠어. 내 모습이 초라해 보일 때가 있습니다.

이런 마음이 들 때 그래 내가 뭐 어때서? 나라고 못할 거 없지? 나의 가능성을 믿고 이 스펙으로 해보는 거야! 현실 기준에서는 루저처럼 보여도 나의 정신까지 루저는 아니야! 내 주제를 아니까 남들보다 더 올노(올바른 노력) 하자.

우리는 어떤 자세로 임하고 있나요? 지금 이대로 괜찮습니까? 누구에게 물어봐도 괜찮지 않다고 말할 것입니다! 어떻게 아느냐고요? 인간은 늘 만족하지 못하는 심리가 있습니다. 사람의 심리는 더 나은 삶을 살기 위한 욕심이 있습니다. 하지만 그런 마음은 누구나 있지만 행동하는 사람은 극소수입니다. 자기 분야에서만큼은 보통 사람으로 취급받고 싶지 않고 전문가로 인정받길 원하는데, 자기 분야 업그레이드를 위한 행동은 하지 않고 보통 사람처럼 똑같이 행동하면서 전문가로 불리길 바라는 것은 초등학생 마인드입니다.

냉정하게 생각해봐야 합니다. 누군가가 이렇게 물어본다면? 당신은 자기 분야에서 전문성을 높이기 위해 어떤 절제, 인내, 변화, 공부, 성장, 자기관리, 자기계발, 습관을 하고 있나요? 남과 다른 행동 10가지를 바로 말하지 못한다면 전문가로 인정받기 위한 행동을 안 하고 있다는 것을 명심하세요!

힐링시대 끝났습니다. 힐링, 위로, 격려는 적당히 생각하고 이제 단단해져야 합니다. 시간이 지날수록 더 어려워지는 현실 속에서 단단해져야 자기의 행복을 만들 수 있고 자기 분야에서 인정받고 살아남을 수 있습니다. 세상은 엄청난 속도로 변하고 있고 경기도 더 안 좋아지고 있습니다. 경기가 좋아진 적 있나요? 그것이 인생입니다. 더 힘들어집니다. 그 힘듦 속에서 자신의 가능성을 더 높이기 위한 처절한 몸부림으로 행동합시다.

언제까지 힐링, 언제까지 위로, 언제까지 격려만
찾으실 건가요? 언제까지 징징대실 건가요?
시간이 지날수록 더 어려워지는 것이 인생입니다.
방탄멘탈 7개 기둥 자자자자멘습긍으로 단단해집시다.

치킨 같은 사람이 되자!

사람의 매력이 가장 빛나 보일 때는
함께 잘되기 위한 삶을 살 때입니다.
사람의 매력을 가장 어둡게 할 때는
자신만 잘되기 위한 삶을 살 때입니다.

나다운 방탄멘탈 공식

치킨을 싫어하는 사람보다는 좋아하는 사람이 더 많습니다. 대
한민국 사람이라면 누구나 좋아합니다. 국민음식이죠. 프라이드

256

를 좋아하는 사람 양념을 좋아하는 사람 각자 다릅니다. 왜 이렇게 인기가 많을까요? 먹기 간편해서? 맛있어서? 결론은 치킨만의 매력이 있기 때문일 것입니다. 브랜드마다 매력이 있습니다. 치킨마다 매력이 있듯 나다운 매력을 만들어가야 합니다. 하지만 치킨 가격이 장난이 아닙니다. 치킨 자체는 매력이 많은데 가격으로 인해 매력의 가치가 줄어드는 것처럼 자신의 매력을 자신의 말투, 행동으로 인해 줄어들게 하지는 않는지 생각해봐야 합니다. 사람의 매력이 가장 빛나 보일 때는 함께 잘되기 위한 삶을 살 때입니다. 사람의 매력을 가장 어둡게 할 때는 자신만 잘되기 위한 삶을 살 때입니다.

국민음식이 된 치킨! 치킨처럼 많은 사람에게 '좋아요' 받고 싶으세요? SNS에 자신 자랑질 하는 것만 올리지 마세요. 셀카, 나 뭐 샀어 사진, 자신 잘나가는 사진, 나 위로해줘 사진, 나 힘들어 사진…… 이런 것으로 좋아요 1억 개 받는다고 자존감 0.1%도 올라가지 않습니다. 카페인(카카오스토리·페이스북·인스타그램) 우울증으로 더 자존감이 저하된다는 것을 명심하세요!

사람들에게 도움이 되는 글, 사진, 영상, 함께 잘되기 위한 것으로 '좋아요' 받으려 하세요. 당신의 자존감은 그 누구보다 높아질 것입니다.

주목받기 위한 과도한 행동들은 자존감을 더 저하시킵니다. 자존감 책 100권을 보고 강사일 11년 동안 10,000명 상담을 통해 알게 된 자존감을 높이는 방법 공개합니다. 사소한 것이라도 사람들에게 도움 되는 것을 행동으로 옮기는 것입니다! 단, 꾸준히 해야 된다는 것입니다. 자존감은 가랑비처럼 젖어드는 것이지, 한 번에 맛볼 수 있는 치킨이 아닙니다. 자존감은 온도계와 비슷합니다. 오르다가 어느 순간에 떨어지듯이 평균을 유지하기 위한 올노(올바른 노력)를 해야 합니다.

자존감으로 삶의 질이 좌지우지됩니다. 식사 세끼 챙기듯 자존감 세끼 챙기세요.

자존감은 보이는 것이 아니라 보여지는 것입니다.
자신도 모르게 말투, 표정, 행동에서
자존감이 높아지는 생활 습관을 통해
사람들에게 보여지는 것입니다.
자존감이 높아지는 생활 습관?
자존감이 낮아지는 생활 습관?
자신의 습관을 점검하세요!

step 104 오메가3, 비타민C, 비타민D, 유산균 같은 사람

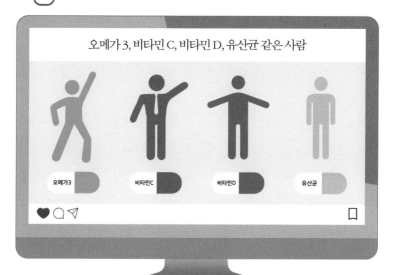

오메가3, 비타민 C, 비타민 D, 유산균 같은 사람

오메가3   비타민C   비타민D   유산균

영양제 같은 사람이 되어주겠습니다.

오메가3, 비타민C, 비타민D, 유산균 같은 사람

당신은 영양제 같은 사람인가요?

영양을 뺏는 사람인가요?

나다운 방탄멘탈 공식

오메가3, 비타민C, 비타민D, 유산균······ 영양제마다 효능이 있습니다. 영양제마다 매력이 있습니다. 영양제마다 재능이 있습니다. 사람도 사람마다 효능, 매력, 재능이 있습니다.

1. 스스로 효능, 매력, 재능을 만들어가는 사람
2. 사람을 잘 만나 효능, 매력, 재능을 만들어가는 사람
3. 사람을 잘못 만나 효능, 매력, 재능을 못 만들어가는 사람

자신은 몇 번입니까? 1번은 극소수일 것입니다. 대부분 3번이라 생각하고 탓을 많이 합니다. 부모를 잘못 만나서, 아내를 잘못 만나서, 남편을 잘못 만나서, 시대를 잘못 만나서, 직원을 잘못 뽑아서, 리더를 잘못 만나서…….

그래서 사람을 잘 만나야 합니다. 1번처럼 스스로 하면 좋겠지만 동기부여가 잘 안 되기에 2번처럼 동기부여를 해줄 수 있는 사람을 만나야 합니다. 사람을 잘 만나기 위한 올노(올바른 노력)란 무엇일까요? 영양제마다 효능, 매력, 재능이 있듯 자신의 장점에 모든 에너지를 쏟고 꾸준해야 합니다. 그래야만 2번처럼 동기부여를 해주는 사람을 만났을 때 시너지 효과가 나와 좋은 결과들이 나오는 것입니다.

누군가에게 오메가3 같은 사람, 누군가에게 비타민C 같은 사람, 누군가에게 비타민D 같은 사람, 누군가에게 유산균 같은 사람…… 자신이 그런 사람이 먼저 되지 않고 그런 사람을 바라면 그런 사람은 오더라도 금방 떠납니다. 누군가에게 필요한 사람이 되겠다는 행동이 선행될 때 자신에게 필요한 영양제 같은 사람을 만날 수 있습니다.

당신은 오메가3, 비타민C, 비타민D, 유산균 같은 사람이 되어주

기 위해 솔선수범합니까? 아니면 그런 사람이 오기를 바라고만
있습니까?

사람에게 가장 기본적인 영양제?

오메가3, 비타민C, 비타민D, 유산균

인간관계에서 가장 도움이 되는 영양제 같은 사람?

오메가3 같은 사람, 비타민C 같은 사람

비타민D 같은 사람, 유산균 같은 사람

 **step 105** 건강보험보다 더 좋은 보험은
몸에 안 좋은 음식을 절제하는 것

건강보험보다 더 좋은 보험은
몸에 안 좋은 음식을 절제하는 것입니다.
혀가 좋아하는 음식은 몸이 싫어합니다.
혀가 싫어하는 음식은 몸이 좋아합니다.

나다운 방탄멘탈 공식

연필에게 배웁니다! 연필을 쓰다 보면 부러지거나 연필심을 다써서 깎아야 하는 상황이 벌어집니다. 칼, 연필깎이로 깎아야 다시 쓸 수 있습니다. 사람도 연필과 비슷합니다. 사람의 몸은 연필의 몸통, 사람의 정신은 연필의 심입니다. 몸, 정신을 쓰다 보면 어느 순간에 힘든 상황들로 인해 몸, 정신이 부러지거나 정신 에너지를 소진하게 됩니다. 그때가 닥치기 전에 연필처럼 자신의 몸, 정신을 미리 다듬어놔야 그 상황을 빠르게 극복할 수 있습니다.

몸은 어떻게 다듬어야 할까요? 몸에 좋은 것을 먹는 것보다 몸에 안 좋은 음식을 절제하는 것이 더 건강을 다듬는 것입니다. 하지만 사람들은 착각합니다. 몸에 안 좋은 음식을 다 먹으면서 건강해지려고 몸에 좋은 영양제를 먹으면서 이런 생각을 합니다. 좋은 거 먹고 있으니 몸에 안 좋은 음식 이 정도는 되겠지.

좋은 영양제가 효력을 발휘하려면 몸에 안 좋은 음식을 절제해야 합니다. 그 무엇이든 자기관리가 기본이라는 것을 모르는 사람은 없습니다. 자기관리를 하지 않으면서 자기 분야 전문가가 되고 싶어 하는 건 '성공은 하고 싶어요. 하지만 노력은 하기 싫어요.'라는 말과 같습니다. 프로는 자기 분야의 전문성을 높이기 위해서 철저하게 관리합니다. 당신은 무엇을 관리, 절제하고 있습니까?

정신은 어떻게 다듬어야 할까요? 어제와 비슷한 것을 보고, 듣고, 말하고, 행동하면서 새로운 것이 생겨나길 바라는 건 고인 물에 악취가 나듯 정신에 악취가 나는 것입니다. 정신의 악취란 부정적인 생각, 게으른 생각, 미루는 생각, 대충 하는 생각입니다.

몸, 정신을 다듬기 위해 뼈를 깎는 듯한 다듬기는 못하더라도 절제하고 있는 것이 있습니까? 경력만 10년 이상 된다고 전문가가 아닙니다. 당신은 전문가가 되기 위해 도대체 무엇을 절제하고 무엇을 뼈를 깎는 듯한 올노(올바른 노력)를 하고 있습니까?

주둥이만 전문가? 행동은 아마추어? 자존심은 지키고 싶고? 잘 되고는 싶고? 그냥 바라지 마시고 먹던 거 먹으시고 담배, 술, 게임 마음껏 하시고 절제, 인내, 꾸준함 단어는 다음 생에 쓰십시오. 지금 하는 행동이 미래입니다. 연필처럼 아픔을 감수하며 몸과 정신을 다듬을 때 더 나은 사람이 될 수 있고 그 분야 전문가가 되는 것입니다.

연필에게 슬럼프, 권태기가 왔습니다.
그래서 연필은 칼, 연필깎이로
아픔, 고통을 인내하며 자신을 다듬습니다.

변화하기 위해, 터닝 포인트를 찾기 위해

다시 시작하기 위해

당신은 무엇을 감수할 것인가요?

 **step 106** 이것 때문에
당신의 자자자자멘습긍을 더 망칩니다!

이것 때문에 당신의 자자자자멘습긍을 더 망칩니다!

SNS는 온라인 모기입니다.
당신의 자자자자멘습긍
피를 마르게 하고
정신을 마르게 합니다.

 SNS 속에는 많은 동기부여,
자기계발 내용이 쏟아집니다.
하지만 너무 많다 보니 동기부여,
자기계발을 실천하기가
더 힘들어지는 아이러니한 현실?
이런 환경 속에서 누군가는

그래서 내가 실천 안 하는 게 아니라
못하는 거야! 하며
부정의 합리화를 하고,
누군가는 그럼에도 불구하고
어떻게 하면 할 수 있을까?
하는 마음으로 행동합니다.

나다운 방탄멘탈 공식

이것 때문에 당신의 자자자자멘습궁을 더 망칩니다!
이것이 도대체 무엇이길래?
이것이 생기기 전에는 자자자자멘습궁을 만들어가기가 좀 더 수월했고 시작하기도 쉬웠습니다. 하지만 지금은 이것 때문에 시작하기가 더 어려워졌고 유지하는 것도 더 힘들어졌습니다. 이것이 처음 생겼을 때의 의도는 사람들과의 소통이었습니다. 현실은 그 의도와 다르게 자신의 자자자자멘습궁, 상대방 자자자자멘습궁을 더 못하게 만들고 있습니다. 이것은 SNS입니다!
SNS 속 수많은 자자자자멘습궁들로 인해 동기부여가 더 잘 될 것 같지만 현실은 더 안 됩니다. 왜 그럴까요? 사람에게는 쉽게 접하면 쉽게 생각하고 더 행동하지 않으려는 심리가 있습니다.
오늘 하루 동안에도 자자자자멘습궁에 연관된 글, 영상, 말, 감동, 공감들이 어마어마하게 쏟아지고 있기 때문에 하나에 집중이 안 된다는 것입니다. 동기부여 매개체들이 넘쳐나지만 행동은 더 하기 힘들어졌습니다. SNS를 줄여야 하고, SNS 아닌 다른 곳에서 자자자자멘습긍을 동기부여 하기 위해 찾아야 합니다.

최보규 강사의 자자자자멘습긍 동기부여를 만들어가고 있는 곳들 참고하셔서 삶의 질을 높이는 자자자자멘습긍을 학습, 실천하세요! 상담 봉사, 책, 운동, 인터넷 강의, 기부, 메모, 배워서 남주자 실천 등 12년 동안 122가지 습관을 통해 자자자자멘습긍을 관리하고 있습니다.

SNS는 모기입니다. 당신의 자자자자멘습긍 피를 마르게 합니다. 그 모기는 죽지 않습니다. SNS 적당히 하는 것도 중요하지만 올바르게 사용하는 게 더 중요합니다.

신종 모기가 있습니다.
이 모기는 피를 먹고 살지 않습니다.
이 모기는 여름에만 살지 않고 사계절 다 삽니다.
잠자는 시간 빼고 항상 따라다닙니다.
신종 모기! SNS입니다.
SNS 모기는 당신의 정신을 먹고 삽니다.

 **step 107** 전문가, 프로는 '그렇게까지'를 더 합니다

누구나 하기 싫은 것이 있습니다.

하지만 그 하기 싫은 것이

자신을 변화, 성장시키고 나다움을 만들며

방탄멘탈 7개 기둥인 자자자자멘습긍을 만듭니다.

나다운 방탄멘탈 공식

여유가 되면 하겠습니다. (속마음: 하기 싫어요.)

시간이 되면 하겠습니다. (속마음: 하기 싫어요.)

그것을 이루면 하겠습니다. (속마음: 하기 싫어요.)

준비가 되면 하겠습니다. (속마음: 하기 싫어요.)

돈이 모이면 하겠습니다. (속마음: 하기 싫어요.)

날이 좋으면 하겠습니다. (속마음: 하기 싫어요.)

그것이 되면 하겠다고 하는 사람들은 그것이 되도 평균적으로 하지 않습니다. 그것이 되면 하겠다는 말은 안 하겠다는 말입니다. 게을러서 안 하는 게 아니라 그것 때문에 어쩔 수 없이 안 하는 거야! 부정의 합리화로 늘 시간에 끌려 다닙니다.

그것이 되기 전에 하는 사람은 시간을 따라가는 삶이 아닌 시간이 따라오게 하는 삶을 사는 사람입니다. 그것이 되면 하는 사람들은 하루를 보낼 때 '에효~ 시간 진짜 안 가네.' 그것이 되기 전에 하는 사람들은 하루를 보낼 때 '오메~ 언제 시간이 이렇게나 됐어!' 세상, 현실, 주위 사람들 문제가 아니라 자신에게 문제가 있다는 것을 인정하고 올노(올바른 노력) 할 때 나다운 삶을 살 수 있습니다.

지금 당신의 시간, 당신이 어떻게 쓰느냐에 따라 당신 것이냐 세상 것이냐가 됩니다.

그렇게까지 해야 되나? 남들 다 안 하는데?

그렇게까지 안 해도 됩니다!

남들 다 안 하니 안 해도 됩니다!

단, 자신의 자자자자멘습긍이 좋아지는 것은

다음 생에나 기대하세요.

전문가, 프로는 '그렇게까지'를 더 합니다.

그래서 전문가, 프로는 자기 분야 방탄멘탈이 있습니다.

 **step 108** 샴푸, 린스 같은 사람? 빨랫비누 같은 사람?

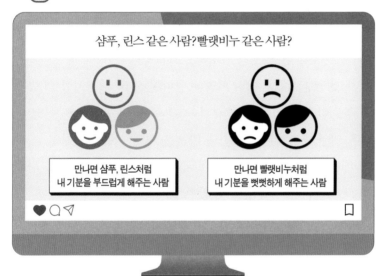

샴푸, 린스 같은 사람?빨랫비누 같은 사람?

만나면 샴푸, 린스처럼
내 기분을 부드럽게 해주는 사람

만나면 빨랫비누처럼
내 기분을 뻣뻣하게 해주는 사람

 멘탈, 자존감이 낮은 사람들은

불만이 많습니다. 시기, 질투를 잘합니다.

말투가 늘 공격적이고 부정적입니다.

핑계를 잘 대고 탓을 많이 합니다.

부모 탓, 자녀 탓, 남편 탓, 아내 탓, 세상 탓

현실 탓, 사람 탓…… 탓을 많이 하면

멘탈·자존감이 타들어가
멘탈·자존감이 낮은 것입니다.
방탄멘탈 7개 기둥 자자자자멘습긍으로
다시 시작하세요.

나다운 방탄멘탈 공식

머리를 샴푸, 린스로 감으면 부드러워지고, 머리에 빨랫비누를 쓰면 뻣뻣해집니다. 어떤 사람은 만나면 샴푸, 린스처럼 내 마음을 부드럽게, 편안하게, 즐겁게, 기분 좋게 해줍니다. 또 어떤 사람은 만나면 빨랫비누처럼 내 마음을 뻣뻣하게, 불편하게, 심란하게, 짜증나게 합니다. 빨랫비누도 빨래할 때는 제구실을 하는데 그 사람은 왜 제구실을 못 할까요?

늘 불만이 있는 듯한 말투로 상대의 기분을 상하게 하는 빨랫비누 같은 사람이 있습니다. 자기편을 만들기 위해 이간질해 다른 사람과 관계를 멀어지게 만드는 빨랫비누 같은 사람이 있습니다. 상대방에게 피해를 주면서까지 자기 이득만을 취하는 빨랫비누 같은 사람이 있습니다. 자신의 행동이 안 좋다는 말이 많이 나오는 걸 아는데도 멈추지 않고 더 하는 빨랫비누 같은 사람이 있습니다.

부드럽게는 못 해줄망정 뻣뻣하게는 하지 말아야 하는데, 자기편을 만들기 위해 초등학생 마인드로 인간관계를 하니 자기 자신을 망치게 하는 줄도 모르고 멈추지 않습니다. 인간관계가 힘든 이유가 상대방 때문인 것 같지만 실은 자기 자신 때문이라는 것입니다.

자신의 인간관계 습관을 뒤돌아보는 게 가장 빠릅니다. 상대방 마음을 불편하게 만드는 사람들의 특징이 있습니다. 멘탈·자존감이 낮다는 것입니다. 그래서 상대방의 자존감을 저하시키기 때문에 불편함을 주는 것입니다. 멘탈·자존감이 높은 사람은 상대방의 자존감도 높여줍니다. 그래서 편안함을 주는 것입니다.

여러분의 멘탈·자존감은 안녕하십니까? 자존감을 높이기 위한 시작은 자신만 잘되기 위한 마음이 아닌 함께 잘되기 위한 마음입니다. '우리'를 배워야 됩니다! '함께'를 배워야 합니다! 어떻게 배워야 할까요? 우리, 함께를 배우는 정답은 '나답게'입니다! 나다움의 뿌리는 함께 잘되기 위한 마음입니다.

만나면 삼푸, 린스처럼 내 기분을 부드럽게 해주는 사람
만나면 빨랫비누처럼 내 기분을 뻣뻣하게 하는 사람
삼푸, 린스 같은 사람을 바라기 전에
내가 빨랫비누 같은 사람은 아닌지 먼저 되돌아보세요!

 step **109** 먹구름 뒤에 태양이 있다는 걸 믿습니다.
밤하늘 뒤에 태양이 있다는 걸 믿습니다

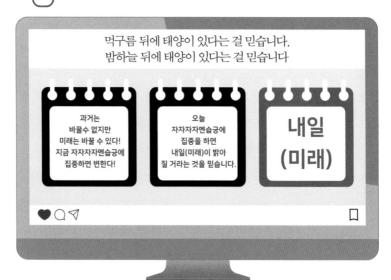

먹구름 뒤에 태양이 있다는 걸 믿습니다.
밤하늘 뒤에 태양이 있다는 걸 믿습니다

과거는
바꿀수 없지만
미래는 바꿀 수 있다!
지금 자자자멘습궁에
집중하면 변한다!

오늘
자자자자멘습궁에
집중을 하면
내일(미래)이 밝아
질 거라는 것을 믿습니다.

내일
(미래)

지진, 먹구름, 소나기, 태풍, 강풍, 장마……
누굴 원망하지 않습니다. 자연현상이기 때문입니다.
고난, 역경, 불행, 사고, 좌절, 실패……
누굴 원망하지 마세요.
누구나 겪는 인생의 자연현상입니다.

나다운 방탄멘탈 공식

구름이 지나가야 태양이 보입니다. 흔들려야 바람이 보입니다.
물결이 잔잔해져야 물 밑이 보입니다. 악취가 나면 안 좋은 것이 보입니다. 향기가 나면 좋은 것이 보입니다. 사람과 말을 해보면 그 사람이 보입니다. 앞으로 당신이 살아갈 인생을 보이게 하는 것이 있다면 믿으실래요?

자자자자멘습긍에 집중하면 자신 인생을 긍정으로 보이게 해줄 것입니다. 자자자자멘습긍이 앞으로 살아갈 인생의 현미경입니다! 살아갈 인생을 더 잘 보이게 해주는 것입니다. 어떤 사람과 함께하느냐에 따라 눈에 안 보이는 것을 보이게 만들 수도 있고, 눈에 보이는 것도 안 보이게 할 수 있습니다.

어떤 사람과 함께하고 있나요? 앞으로 어떤 사람과 함께할 것인가요? 자신의 살아갈 인생이 희미하게라도 보이지 않는다면 자자자자멘습긍에 집중하지 않고 있다는 것입니다. 당신은 지금 무엇에 집중하고 있나요?

먹구름 뒤에 태양이 있다는 걸 믿습니다.
밤하늘에 뒤에 태양이 있다는 걸 믿습니다.
자자자자멘습긍에 집중하면
내일(미래)이 밝아질 거라는 것을 믿습니다.
과거는 바꿀 수 없지만 미래는 바꿀 수 있습니다.
지금 자자자자멘습긍에 집중하면 변합니다!

 나다운 방탄멘탈 세트? 자자자자멘습긍!

나다운 방탄멘탈 세트?자자자자멘습긍!

행복 세트? 설렘, 즐거움, 기쁨, 슬픔, 고난, 역경, 불행 아픔, 좌절, 희망, 재미, 배움, 성장, 변화, 시기, 질투, 험담 인연, 악연, 다이어트, 몸짱, 예쁨, 못생김, 상처 트라우마 등이 있습니다.

나다운 방탄멘탈 세트 메뉴는 자자자자멘습긍 (자존감, 자신감, 자기관리, 자기계발, 멘탈, 습관, 긍정) 시작합시다!

중식 세트, 일식 세트, 한식 세트
햄버거 세트, 치킨 세트, 행복 세트
나다운 방탄멘탈 세트?
자자자자멘습긍

나다운 방탄멘탈 공식

햄버거 세트에는 감자, 콜라, 햄버거가 있습니다.

중식 세트에는 자장면, 짬뽕, 탕수육, 볶음밥이 있습니다.

치킨 세트에는 프라이드, 양념, 콜라, 무가 있습니다.

행복 세트에는? 설렘, 즐거움, 기쁨, 슬픔, 고난, 역경, 불행, 아픔, 좌절, 희망, 재미, 배움, 성장, 변화, 시기, 질투, 험담, 인연, 악연, 다이어트, 몸짱, 예쁨, 못생김, 상처, 트라우마 등이 있습니다.

행복 세트에는 좋은 것만 있는 것이 아닙니다. 안 좋은 것이 75억 개나 있다는 것을 명심하세요. 그래서 행복의 단점까지 사랑하고 감사해야 행복이 자신을 찾아오고 오래 머무는 것입니다. 사랑은 상대의 단점까지 사랑할 수 있어야 오래 지속됩니다.

나다운 방탄멘탈 세트 메뉴는 자자자자멘습긍(자존감·자신감·자기관리·자기계발·멘탈·습관·긍정)입니다. 시작합시다!

단점 없는 사람은 없습니다.
멘탈·자존감 높은 사람들은 장점이 많은 사람이 아닙니다.
부족함을 인정하고 장점을 극대화시키는 사람입니다.
장점에 집중하세요.
방탄멘탈 7개 기둥 자자자자멘습긍에 집중하세요.

 **step 111** 몸이 1할이라면 눈이 9할입니다.
돈이 1할이라면 자자자자멘습긍은 9할입니다!

몸이 1할이라면 눈이 9할입니다.
돈이 1할이라면 자자자자멘습긍은 9할입니다!

 사람의 몸에서 큰 비중 순서

뇌 〉눈 〉상체 〉귀 〉입 〉코 〉하체

삶의 질을 높이는 순서

뇌(멘탈) 〉눈(자존감) 〉상체(자신감)

귀(자기관리) 〉입(자기계발) 〉코(습관) 〉하체(긍정)

나다운 방탄멘탈 공식

사람의 몸에서 큰 비중을 차지하는 순서? 뇌, 눈, 상체, 귀, 입,
코, 하체입니다.

 276

삶의 질을 높이는 순서는? 뇌=멘탈, 눈=자존감, 상체=자신감, 귀=자기관리, 입=자기계발, 코=습관, 하체=긍정입니다.

사람 몸이 다 연결돼 있듯 자자자자멘습긍도 다 연결돼 있습니다. 어느 하나 소홀히 하면 안 된다는 것입니다.

사람들은 자신의 몸이 늘 그 자리에 있어 소중함을 모르듯, 자자자자멘습긍도 언제든지 할 수 있을 거라는 착각에 신경 쓰지 않습니다. 신체 일부분이 망가지면 그때야 정신 차리고 소중하게 생각합니다. 자자자자멘습긍, 늦으면 늦을수록 습관 들이기가 쉽지 않습니다. 건강할 때 몸을 더 챙겨야 하고 힘들지 않을 때 자자자자멘습긍을 신경 써야 합니다.

몸을 가장 건강하게 하는 방법? 몸에 좋은 것을 먹는 것보다 몸에 안 좋은 것을 절제하는 것입니다.

자자자자멘습긍을 향상시키는 방법? 자자자자멘습긍을 향상시키는 행동보다 자자자자멘습긍을 저하시키는 행동을 절제하는 게 더 빠릅니다.

몸이 1할이라면 눈이 9할입니다.
나다운 인생, 나다운 방탄멘탈을 만드는 것은
돈이 1할이라면 자자자자멘습긍은 9할입니다.
돈을 잃으면 조금 잃는 것이고
건강을 잃으면 많은 걸 잃은 것이며
자자자자멘습긍을 잃으면 모든 것을 잃은 것입니다.

도둑이 들면 112, 불이 나면 119, 극단적인
생각이 들면? 가족들까지 싫어지면?
삶의 의욕이 없다면?

도둑이 들면 112, 불이 나면 119, 극단적인 생각이 들면?
가족들까지 싫어지면? 삶의 의욕이 없다면?

생명의 전화 1588-9191
사랑의 전화 1566-2525
(자살, 주제 무관 모든 상담)
자신이 될 수 있고 가족이 될 수 있으며
우리가 될 수 있습니다.

극단적인 생각이 언제 들까요?
난 도움이 안 되는 사람이라는 생각이 들 때
난 필요 없는 사람이라고 느낄 때
가족, 소중한 사람들에게
존중, 인정, 사랑을 못 받는다고 느낄 때
멘탈·자존감이 방전될 때
자자자자멘습긍에 집중 안 할 때입니다.
극단적인 생각을 극적인 생각으로 바꿔주는
나다운 방탄멘탈 7개 기둥 자자자자멘습긍.
시작합시다!

나다운 방탄멘탈 공식

도둑이 들면 112, 불이 나면 119.

자장면이 먹고 싶으면? 치킨이 먹고 싶으면? 야식이 먹고 싶으면? 극단적인 생각이 들면? 가족들까지 싫어지면? 삶의 의욕이 없다면? 하소연하고 싶은 곳이 없다면? 혼자 해결할 수 없는 상황이 벌어지면?

위급상황일 때 112, 119가 생각납니다. 자장면, 치킨, 야식이 먹고 싶으면 스마트폰에 전화번호 한두 개는 저장돼 있습니다. 정작 가장 중요한 전화번호를 우리는 모릅니다. 스마트 시대가 되어 몸은 편해졌는데 시간이 가면 갈수록 마음의 병이 더 생기고 있습니다.

통계청에 의하면 한 해 교통사고 사망자는 2,000~3,000명으로 해가 갈수록 줄어들고 있지만, 자살을 하는 사람은 한 해 12,000명으로 해마다 늘고 있는 현실입니다.

우리는 행복하기 위해 삶의 질을 올리기 위해 어디에 집중하고 있는지요?

차 조심해라가 아니라 우울증, 자살 조심해라를 더 말해야 하는 불편한 진실! 차보다 더 무서운 것입니다. 한마디로 방탄멘탈의 7개의 기둥 자자자자멘습궁에 집중해야 하는 것입니다.

SNS 발달로 편하게 소통할 수 있고 SNS에 자신이 올린 글, 사진들을 보고 공감해주는 사람들이 많은데, 현실은 왜 사람

관계가 더 어려워지고 공허함, 외로움, 마음의 병이 악화되는 걸까요?

어느 한 가지만의 문제는 아닐 것입니다. SNS에 보여지는 사람들의 짝퉁 감정들로 인해 자신의 진짜 감정들을 도둑맞고 있습니다. 그 짝퉁, 부정의 감정들을 자자자자멘습궁을 통해 진짜, 긍정 감정으로 회복을 시켜야 합니다. 그것이야말로 SNS 시대에서 자신의 감정을 도둑맞지 않는 삶을 사는 자세입니다.

마음의 병(자살, 우울증, 외로움, 세상 모든 것이 싫어질 때)이 생기면? 안 좋은 감정들을 그때그때 환기하고 청소해줘야 마음의 병을 막을 수 있다는 것입니다. 그때그때 마음청소, 굴뚝청소하고 싶을 때 전화하세요. 꼭! 반드시! 저장해두세요!

생명의 전화 1588-9191,
사랑의 전화 1566-2525(자살, 주제 무관 모든 상담)

상담 봉사를 8년간 하면서 내담자들이 늘 하는 말이 있습니다. 자신이 전화할 줄 몰랐다는 것입니다. 난 그런 일이 없을 거야! 우리 가족들은 그런 일이 없을 거야! 자신이 그럴 수 있습니다! 우리 가족들이 그럴 수 있습니다! 내가 될 수 있고 내 가족이 될 수 있고 우리가 될 수 있다는 것 명심하십시오.

나를 살리고 가족을 살리고 우리를 살릴 수 있습니다. 삶의 질을 결정하는 자자자자멘습궁(자존감·자신감·자기관리·자기계발·멘탈·습관·긍정)을 학습, 관리 받고 싶다면? www.방탄멘탈사관학교.com에서 상담 받으세요.

평균적으로 사람들이 많이 찾는 상담 번호들이니 참고하세요.

보건복지콜센터 129 (민생안정지원/소득보장/건강생활/긴급지원)

건강가정지원센터 1577-9337 (가족 상담)

푸른 아우성 02-332-9978 (성 상담)

탁틴내일 02-3141-6191 (성 상담)

여성 긴급전화상담 1366 (가정폭력, 성폭력 상담)

학교폭력근절 117 (학교폭력 상담)

인터넷중독대응센터 1599-0075 (인터넷중독 상담)

헬프콜 청소년 전화 1388 (청소년 상담)

신용회복위원회 1600-5500 (채무관련 상담)

대한법률구조공단 132 (무료법률 상담)

생명의 전화 1588-9191

사랑의 전화 1566-2525

자살? 나와 우리 가족은 그럴 일 없어!

내가 될 수 있고 가족이 될 수 있고

우리가 될 수 있다는 걸 명심하세요!

번호 저장 한 번이

나, 가족, 우리를 살릴 수 있습니다.

삶의 질을 높이는 7개 기둥!
나다운 방탄멘탈 7개 기둥!

삶의 질을 높이는 7개 기둥!나다운 방탄멘탈 7개 기둥!

자동차 7개 기둥!
운전습관, 엔진, 바퀴, 핸들
브레이크, 엑셀, 사이드미러

사랑 7개 기둥!
사랑습관, 맞춰 주기보다는 맞춰 가려는 행동
존중, 인정, 배려, 자존심 내려놓기
이기는 것보다 지려는 마음

나다운 방탄 멘탈 7개 기둥!
자자자자멘습긍
자존감, 자신감, 자기관리, 자기계발
멘탈, 습관, 긍정

사랑 자격증

자존감 자신감 자기관리

자기계발 멘탈 습관 긍정

삶의 질을 높이는 7개 기둥
나다운 방탄멘탈 7개 기둥
자자자자멘습긍
자존감, 자신감, 자기관리, 자기계발
멘탈, 습관, 긍정

나다운 방탄멘탈 공식

세상의 모든 것은 기둥으로 이루어져 있습니다. 어떤 기둥은 무너지면 모든 것이 무너지지만 어떤 기둥은 천천히 무너집니다.

당신의 방탄멘탈 기둥은 튼튼하십니까?

– 자연 7개 기둥: 태양, 물, 땅, 바람, 동물, 태풍, 식물

– 자동차 7개 기둥: 운전습관, 엔진, 바퀴, 핸들, 브레이크, 엑셀, 사이드미러

– 뇌 호르몬 7개 기둥: 생활습관, 엔도르핀(쾌감 자극), 세로토닌(행복), 도파민(의욕, 열정, 동기), 아드레날린(신체능력), 멜라토닌(수면), 옥시토신(사랑)

– 몸 7개 기둥: 자기관리 습관, 뇌, 눈, 머리, 장기, 팔, 다리

– 사랑 7개 기둥: 사랑 습관, 맞춰가려는 행동, 존중, 인정, 배려, 자존심 내려놓기, 이기는 것보다 지려는 마음

– 인간관계 7개 기둥: 인간관계 습관, 존중, 이해, 맞춰가려는 행동, 말투, 만만하게 보이지 말자, 인연 끊을 사람 빨리 끊자.

– 일 7개 기둥: 일하는 습관, 하고 싶은 일은 아니지만 하고 싶은 일을 찾기 위한 디딤돌이라는 마음, 전문성, 프로정신, 있으나마나 한 존재가 아닌 대체 불가능한 존재, 제2의 가족, 월급

– 행복의 7개 기둥: 자존감, 자신감, 자기관리, 자기계발, 멘탈, 습관, 긍정

– 방탄멘탈 7개 기둥: 자자자자멘습긍

삶의 질을 높이기 위한 7개 기둥, SNS 시대에 자신의 페이스를 잃지 않고 살아가기 위한 7개 기둥 자자자자멘습긍! 시작하십시오.

사람을 겪어본다고
어떻게 인생을 살았는지 다 알 수는 없지만
지금 하는 습관 패턴을 보면
어떻게 살아왔는지 알 수 있습니다.
지금 하는 모든 좋은 습관, 안 좋은 습관이
당신이 어떻게 살아왔는지 말해줍니다.
과거를 바꾸고 싶나요? 좋은 습관을 쌓으세요.
습관은 바꾸는 것이 아니라 쌓는 것입니다.
습관을 쌓으면 미래가 바뀝니다.
오늘이라는 선물 상자에는
과거, 현재, 미래가 들어 있습니다.
과거, 현재, 미래를 바꾸고 싶다면
나다운 방탄멘탈 7개의 기둥
자자자자멘습긍에 집중하세요!

 **step 114** 어제보다 나은 내가 되는 게 꿈입니다!

어제보다 나은 내가 되는 게 꿈입니다!

100일 → 13살 → 19살 → 23살 → 29살 → 2020년 42살

나이는 아무 노력 없이도 먹습니다.
어제보다 0.1% 나은 내가 되기 위한 행동은 나이 먹는 것보다 어렵습니다.
시간의 흐름 속에 시간에 맞춰 사는 사람이 아닌
어제보다 나은 내가 되기 위한 나다운 인생을 삽시다.

꿈을 이루기 위한 최고의 방법? 유일한 방법?
어제보다 0.1% 나은 내가 되는 것에 집중하면
자신이 바라는 꿈을 이루는 데 기초가 될 것입니다.
미래의 자신을 상상하지 마세요!
내일 어떻게 될지 모릅니다!
어제보다 나은 내가 되기 위해 오늘 지금
무엇을 말하고 무엇을 보고 무엇을 듣고
무엇을 행동할 것인가에 초집중합시다.

나다운 방탄멘탈 공식

어제보다 나은 내가 되는 게 꿈입니다!
최보규 방탄멘탈 전문가의 방탄멘탈 관리 천기누설!
3:7 법칙입니다.
30% (3개만 벤치마킹으로 시작하세요.)
70% (많은 경험을 통한 시행착오, 대가지불을 통한 나다운 스타일을 만드세요.)

– 12년 전: 10명에게 좋은 명언 나누기
– 11년 전: 200명에게 좋은 명언 나누기(현재 450명). 담배, 술, 게임 끊음
– 10년 전: 책 1달에 3~10권 보기(현재 1달 15권)
– 9년 전: 기상 전후 10분 스트레칭하기, 기상 직후 양치질 후 물 마시기
– 8년 전: 상담 봉사 시작, TV 안 보기
– 7년 전: 8시간 숙면하기, 배워서 남 주자 실천하기
– 6년 전: 탄산음료, 과일주스 줄이기
– 5년 전: 알람 듣고 바로 일어나기
– 4년 전: 빨리 걷기, 엘리베이터 사용 줄이고 계단 이용하기
– 3년 전: 전단지 받기
– 2년 전: 5km, 10km, 21km, 풀코스 마라톤 완주하기

- 1년 전: 계산할 때 양손으로 카드 주고받기
- 9개월 전: 유튜브 시작하기(배워서 남 주자 실천, 함께 잘되기 위한 노하우 오픈)
- 5개월 전: 강사 지침서 2권 출간하기
- 3개월 전: 3번째 책 원고 작업 시작하기
- 1개월 전: 뱃살관리 스트레칭하기(아침저녁 5분)
- 어제: 12년 동안 실천하고 있는 122가지 하기

최보규 방탄멘탈 전문가의 〈방탄멘탈 습관 122가지〉를 참고하셔서 여러분도 나답게 시작하셨으면 좋겠습니다.

〈방탄멘탈 습관 122가지〉
1. 전신 장기기증
2. 유서 써놓기
3. 꿈, 목표 설정
4. 영양제 챙기기
5. 꿀 챙기기
6. 계단 이용하기
7. 8시간 숙면하기
8. 취침 4시간 전 안 먹기
9. 일어나서, 자기 전 스트레칭 10분
10. 술, 담배 안 하기
11. 하루 운동 30분
12. 밀가루, 기름진 음식 줄이기

13. 자극적인 음식 줄이기

14. 얼굴, 눈 스트레칭

15. 박장대소 하루 2회

16. 기상 직후 양치질하고 물 마시기

17. 하루에 물 7잔 마시기

18. 밥 먹는 중에는 물 조금만 마시기

19. 국물 줄이기

20. 밥 먹고 30분 후 커피 마시기

21. 기상 직후 책 듣기 오디언

22. 한 달에 책 15권 읽기

23. 책 메모하기

24. 메모한 것으로 ppt 만들기

25. SNS 캡처하여 자료 수집하기

26. 항상 강의 자료 찾기

27. 점심 때 좋은 글 보내기

28. 사랑의 전화 카운슬러 봉사

29. 주말 유치원 봉사

30. 지인 상담 봉사

31. 강의 재능 기부

32. 사랑의 전화 후원

33. 강의 자료 주기

34. TV 줄이기

35. 부정적인 뉴스 줄이기

36. 솔선수범하기

37. 지인들 선물 챙기기

38. 한 달에 한 번 등산하기

39. 몸에 무리 가는 행동 안 하기

40. 하루를 감사 기도로 마무리하기

41. 탄산음료, 과일주스 줄이기

42. 아침에 유산균 챙기기

43. 고자세(자신감을 올려주는 원더우먼 자세, 만세 자세)

44. 스마트폰 소독 2번

45. 게임 안 하기

46. SNS에서 도움 되는 것 공유하기

47. 전단지 받기

48. 긍정, 멘탈 사용설명서 도구 스티커 나눠주기

49. 학습자 선물 주기

50. 강의 피드백 해주기

51. 자일리톨 원석 하루 3개 먹기

52. 찬물 줄이고 미온수 마시기

53. 소금물로 가글하기

54. 알람 듣고 바로 일어나기

55. 오전 10시 이후에 커피 마시기

56. 믹스커피 안 먹기

57. 강의 족보 주기

58. 강의 동영상 주기

59. 강의 녹음파일 주기

60. 블로그 좋은 글 나누기

61. 인스턴트 음식 줄이기

62. 아이스크림 줄이기

63. 빨리 걷기

64. 배워서 남 주자 실천(ppt)

65. 읽어서 남 주자 실천(책 속의 글)

66. 오른손으로 차 문 열기

67. 오손도손 캠페인 전파하기

68. 운전 중 스마트폰 안 보기

69. 취침 전 30분 독서하기

70. 취침 전 30분 스마트폰 안 보기

71. 오늘이 마지막인 것처럼 섬기고 영원히 살 것처럼 배우기

72. 자존심 신발장에 넣어두고 나오기

73. 내가 받은 상처는 모래에 새기고 내가 받은 은혜는 대리석에 새기기

74. 어제의 나와 비교하기

75. 어제보다 0.1% 성장하기

76. 세상에서 가장 중요한 스펙? 건강, 태도 실천하기

77. 나방이 되지 않기

78. 마라톤 10주 프로그램 시작

79. 마라톤 5km 도전

80. 마라톤 10km 도전

81. 마라톤 하프 도전

82. 마라톤 풀코스 도전

83. 자기 전 5분 명상

84. 뱃살 스트레칭 3분

85. 아침 8시 동기부여 사진 보내기

86. 저녁 9시 동기부여 사진 보내기

87. 나의 1%는 누군가에게는 100%가 될 수 있다

88. 150세까지 지금 몸매, 몸 상태 유지 관리

89. 아침에 달걀 먹기

90. 운동 후 달걀 먹기

91. 헬스장 등록

92. 오래 살기 위해서가 아니라 옳게 살기 위해 노력하는 사람 되기

93. 남들 하는 거 안 하기, 남들 안 하는 거 하기

94. 아침에 결명자차 마시기

95. 저녁에 결명자차 마시기

96. 폼 롤러 스트레칭하기

97. 어제보다 나은 내가 되자

98. 남들이 안 하는 강의 분야 도전하기

99. 플랭크 운동

100. 스쿼트 운동

101. 계산할 때 양손으로 주고받고 인사하기

102. 명함 거울 선물 주기

103. 40세 되기 전에 책 출간하기

104. 50세 되기 전에 책 5권 집필하기

105. 유튜브 〈나다운TV〉 강사심폐소생술

106. 유튜브 〈나다운TV〉 나다운심폐소생술

107. 아·원·때·시·후·성·실 말 줄이기

108. 『나다운 강사』 책 내용 유튜브에 올려 함께 잘되기

109. 자기계발, 강사코칭 리플렛으로 동기부여 시켜주기

110. 아침 8시 동기부여 메시지 만들어 보내기

111. 저녁 9시 동기부여 메시지 만들어 보내기

112. 어플 〈책 속의 한 줄〉에 책 내용 올리기

113. 책 내용 SNS 오픈

114. 3번째 책 원고 작업 시작

115. 4번째 책 메모

116. 뱃살관리 스트레칭하기(아침저녁 5분)

117. 3번째 책 기획출판 계약

118. 최보규강사사관학교 시작

119. 최보규강사사관학교 지회 원장 임명

120. 올노(올바른 노력)공식 오픈

121. 행복·방탄멘탈공식 '자자자자멘습긍' 오픈

122. 네 잎 클로버(생화) 선물 주기

.

.

.

1,000번째

저에겐 작은 꿈이 있습니다. 자자자자멘습긍 관리 습관 1,000개
를 만드는 것입니다. 습관은 자신의 그림자입니다. 숨기고 싶어
도 숨길 수가 없는 것입니다. 어떤 습관이 있느냐는 당신이 누구

인지를 말해줍니다.

하버드대학 행동과학연구소에 따르면 한 사람이 하루에 하는 행동 중 5%가 습관적이지 않은 행동이고 나머지 95%는 습관적 행동이라고 합니다.

때론 말보다 습관이 더 많은 말을 합니다. 습관은 바꾸는 것이 아니라 쌓는 것입니다. 성격은 바꾸는 것이 아니라 쌓는 것입니다. 남들이 알아주는 나아짐이 아니라 자기 자신에게 보여주기 위한 나아짐! 어제보다 0.1% 나아짐에 집중하세요! 꾸준히 하는 것도 나아짐의 시작입니다!

나답게! 당신답게! 우리답게! 시작합니다!

내가 할 수 있을까? 어떻게 하면 할 수 있을까!

이 나이에 뭘? 이 나이에 안 하면 언제 해!

지금처럼 살 것인가? 지금부터 살 것인가!

살아온 날로 살아갈 날을 판단하지 맙시다.

후회는 아무리 빨라도 늦고 시작은 아무리 늦어도 빠릅니다.

할까? 말까? 제발 하세요! 아니면 다음 생에 하세요!

Think Different (다르게 생각하라)

Action Different (다르게 행동하라)

Be my self (나답게)

step 115

태양, 물, 공기, 땅, 자연, 동물, 사람 없으면 살아도 최보규 방탄멘탈 전문가는 '이것' 없으면 못 삽니다

태양, 물, 공기, 땅, 자연, 동물, 사람 없으면 살아도
최보규 방탄멘탈 전문가는 '이것' 없으면 못 삽니다

당신을 만나 행복을 찾았고
당신을 만나 나를 알게 되었고
당신을 만나 삶의 이유를 알았고
당신의 행복이 내 행복이라는
것을 알았습니다.

태양, 물, 공기, 땅, 자연, 동물, 사람 없으면 살아도

첫사랑이자 끝사랑인 그 사람 없으면 하루도 못 삽니다.

내가 지구에 온 이유는 당신을 만나기 위해서입니다!

제 삶의 이유는 당신을 웃게 하는 것이고

제 삶의 행복은 당신을 행복하게 하는 것입니다.

나다운 방탄멘탈 공식

사람에게 없으면 안 되는 것?

태양, 물, 공기, 땅, 자연, 동물, 사람…… 지구에서 살아가기 위

해 꼭 필요한 것들입니다.

아차! 빠진 게 있군요! 세계 인구 75억 명, 75억 개의 지구가 있습니다. 자기 지구에서 살아가기 위해 중요한 자자자자멘습긍이 빠졌습니다. 자신을 자신답게 만드는 중요한 것, 자자자자멘습긍입니다. 나를 나답게, 당신을 당신답게, 우리를 우리답게 만들어주는 것, 나다움의 태양(자존감), 공기(자신감), 물(자기관리), 땅(자기계발), 자연(멘탈), 동물(습관), 사람(긍정)은 자자자자멘습긍입니다.

최보규 방탄멘탈 전문가 살아가는 데 0순위는? 태양, 공기, 물, 땅, 자연, 동물, 사람 아닙니다! 태양, 공기, 물, 땅, 자연, 동물, 사람 없으면 살아도 첫사랑이자 끝사랑인 서윤희 없으면 하루도 못 삽니다. 내가 지구에 온 이유는 당신을 만나기 위해서입니다! 내가 살아가는 이유가 되어버린 나의 아내, 나보다 더 사랑합니다!

내가 지구에 온 이유는
당신들을 만나기 위해서입니다!
최보규 방탄멘탈 전문가를 알고 있는 사람들을 위해
오늘도 나부터 시작!
작은 것부터 시작!
지금부터 시작!

유튜브 〈나다운TV〉에 목차별로
영상 만들어 업로드하겠습니다.
영상 보시면서 한 번 더 올바른 노력!
방탄멘탈 업데이트하세요. 사랑합니다!

유튜브 〈나다운TV〉
상담, 강의 문의, 강사 섭외 nice5889@naver.com
www.최보규강사스쿨.com

가슴 설레고 떨리는 운명적인 만남이 아니어도 좋습니다.
만남 자체가 소중하니까요. 당신을 만나 감사합니다.
"오늘이 마지막 날인 것처럼 섬기고
영원히 살 것처럼 배우겠습니다."